普通高等教育 "十一五" 国家级规划教材

波斯语教程

（第三册）

（第二版）

滕慧珠 编著

北京大学出版社
PEKING UNIVERSITY PRESS

图书在版编目(CIP)数据

波斯语教程.第3册/滕慧珠编著.—2版.—北京:北京大学出版社,2013.11
ISBN 978-7-301-19772-1

Ⅰ.①波… Ⅱ.①滕… Ⅲ.①波斯语－高等学校－教材 Ⅳ.①H733

中国版本图书馆 CIP 数据核字(2011)第 234203 号

书　　　名:波斯语教程(第三册)(第二版)
著作责任者:滕慧珠　编著
责 任 编 辑:刘　爽
标 准 书 号:ISBN 978-7-301-19772-1
出 版 发 行:北京大学出版社
地　　　址:北京市海淀区成府路 205 号　100871
网　　　址:http://www.pup.cn　新浪官方微博:@北京大学出版社
电 子 邮 箱:编辑部 pupwaiwen@pup.cn　总编室 zpup@pup.cn
电　　　话:邮购部 62752015　发行部 62750672　编辑部 62759634
　　　　　　出版部 62754962
印　　刷　者:北京虎彩文化传播有限公司
经　销　者:新华书店
　　　　　　880 毫米×1230 毫米　A5　9.625 印张　250 千字
　　　　　　2004年7月第1版
　　　　　　2013年11月第2版　2024年8月第4次印刷
定　　　价:49.00 元

未经许可,不得以任何方式复制或抄袭本书之部分或全部内容。
版权所有,侵权必究
举报电话:010-62752024　电子邮箱:fd@pup.cn

前　言

本书为《波斯语教程》第三册第二版，供大学波斯语专业三年级学生使用。

本书共二十课，每课包括课文、生词、注释、提问练习、翻译练习和阅读材料。注释中包括重要人物的简介和重要的背景知识等。对第一次出现的专有名词划了底线，对阅读材料中的生词加了汉语解释，但对全部生词未标读音，目的是培养学生养成勤查词典的习惯。

本书对语法现象未加注释。原因如下：

1. 之前出版的《波斯语教程》第一册和第二册对波斯语语法作了较为详细的注释。
2. 三年级学生的课程中，设有专门的波斯语语法课。
3. 由于语言的时代变迁，传统的语法规则和实际应用产生了一定的差异，为避免分歧，给授课教师留有发挥的余地。

本书是在 2004 年第一版的基础上重新修订的，全书一半以上的内容是新增的，内容包括政治、历史、文学、经济、宗教、社会、卫生保健、伦理道德、个人传记、游记、地理知识、天文知识、互联网信息等。课文和阅读材料均选自波斯语原文。根据教学的需要，对原文的个别词语作了调整。在此，向本书所选用的原文作者表示诚挚的谢意。

-1-

在编写过程中，我的大学同学张晓春先生从伊朗为我购买了相关的教材和资料，使本书在内容上增色不少，为此我由衷地感谢他对我工作的支持和无私的帮助。

伊朗朋友伊尔汗姆·米尔扎尼扬（Elham Mirzania）博士为本书录了音，在此对她的帮助表示感谢。

外语编辑室编辑刘爽为本书的出版付出了辛劳，在此表示谢意。

限于编著者的经验和水平，书中的缺点、疏漏在所难免，恳请波斯语界的同行批评指正。

编著者

2012 年 12 月

فهرست　目录

درس ۱:　بازدید از نمایشگاه کتاب / 参观图书展览会 1

معرفی کتاب جدید «بله، شما هم می توانید» / 介绍新书 8

درس ۲:　هلال احمر / 红新月会 12

(۱) تأسیس سازمان ملل متحد / 联合国的成立 17

(۲) شهر المپیا / 奥林匹亚城 19

درس ۳:　کردستان / 库尔德斯坦 22

آب و هوای استان تهران / 德黑兰省气候 28

درس ٤:　اصفهان / 伊斯法罕 32

افزایش و تمرکز جمعیت در تهران چه پیامدهایی دارد؟ /

人口增长与聚集给德黑兰带来了什么结果？......... 39

درس ۵:　زیبایی های دریا / 美妙的大海 42

وضعیت کنونی آب های جهان / 世界水资源现状 47

درس ۶:　آسمان / 天空 51

(۱) آلودگی هوا / 空气污染 57

(۲) خفاظت از محیط زیست / 保护环境 60

-1-

درس۷:   دهخدا ، محقق و شاعر / 学者、诗人——德胡达........62

(۱) کودتای ۲۸مرداد /۱۳۳۲ 伊朗 1953 年 8 月 18 日政变......69

(۲) حزب های سیاسی / 政党........72

درس۸:   سرطان ، تقسیم غیر عادی سلول ها /

癌——细胞非正常分裂........74

(۱) سرما خوردگی / 感冒........79

(۲) ده توصیه برای سلامتی/ 十点健康提示........81

درس۹:   کاغذ و چاپ / 造纸与印刷........83

(۱) فن چاپ / 印刷术........90

(۲) دربارۀ چین باستان/ 关于古代中国........92

درس۱۰:   مادام کوری ، نامدارترین بانوی جهان علم /

居里夫人——世界著名女科学家........95

(۱) بمب اتمی چگونه ساخته و به کارگرفته شد؟ /

原子弹如何制造与使用？........102

(۲) آژانس بین المللی انرژی اتمی / 国际原子能机构...104

درس۱۱:   ضرب المثل / 谚语........107

(۱) جشن عروسی / 婚庆........ 114

زندگی عشایری (۲) .... 游牧生活 115

درس۱۲: وقتی خورشید می گیرد / 日食 119

دوره های مختلف تحصیلی/学历 126

درس۱۳: بهار ، ستایشگر صلح و آزادی/

巴哈尔——自由和平的颂扬者 128

نهضت مقاومت ملی (۱) / 民族抵抗运动 134

صلح (۲) / 和平 136

درس۱٤: فوران آتش فشان / 火山喷发 138

سرزمین طلای سیاه (۱) / 黑色的金土地 144

پایان یافتن نفت (۲) / 石油枯竭 147

درس۱۵: چگونه سالم بمانیم ؟ / 如何保持健康? 149

بهداشت و سلامتی (۱) / 卫生与保健 157

بحران محیط زیست ومواد مخدر (۲) /

环境危机与毒品 158

درس۱٦: زلزله / 地震 162

باران اسیدی (۱) / 酸雨 168

دزدی مسلحانه (۲) / 武装抢劫 170

-3-

درس۱۷: سفرنامهٔ ابن بطوطه / 伊本·白图泰游记 172

(۱) ظهور بودا / 佛教的产生 181

(۲) جادهٔ ابریشم / 丝绸之路 183

درس۱۸: تغذیه / 饮食 186

(۱) ارزش غذایی ترب / 萝卜的食用价值 192

(۲) روزه / 斋戒 194

درس۱۹: نیاز انسان و منابع و امکانات /

人类的需求，资源与条件 196

(۱) نیروی انسانی مهم ترین عامل تولید

در اقتصاد یک کشور است /

人力资源是国家经济发展中最重要的因素 201

(۲) علم اقتصاد دربارهٔ چه موضوع هایی بحث می کند؟ /

经济学探讨什么？ 204

درس۲۰: زندگی من / 海伦·凯勒 206

(۱) شناخت محیط اجتماعی / 认识社会环境 216

(۲) ارتباط اجتماعی و جدایی اجتماعی /

社会联系与社会分离 219

واژه نامه / 词汇表 222

فهرست منابع / 波斯语参考书目 296

درس اول

بازدید ازنمایشگاه کتاب

参观图书展览会

ساعت هشت صبح اتوبوس جلوی در مدرسه توقف کرده بود و راننده انتظار ما را می کشید . وقتی بچه ها جمع شدند ، اتوبوس به راه افتاد . تقریباً نیم ساعتی در راه بودیم . شوق رسیدن به نمایشگاه و بازدیداز غرفه ها وخرید کتاب همه را بی تاب کرده بود. بچه ها فهرست کتاب هایی را که قصد داشتند بخرند ، برای یکدیگر می خواندند .

ساعت حدود هشت و نیم بود که به نمایشگاه رسیدیم . غوغا بود. تا آن موقع چنین جمعیتی را در هیچ یک از نمایشگاه ها ندیده بودیم . وقتی از اتوبوس پیاده شدیم ، خانم نکویی ، دبیر ادبیات و دو تن از دبیران دیگر که همراه ما بودند ، ما را به سه گروه تقسیم کردند . بازدید از غرفه ها در آن شرایط خاص و ازدحام جمعیت ، کار دشواری بود. به همین دلیل قرار شد که هرگروه همراه یکی از دبیران از نمایشگاه دیدن کنیم و همه رأس ساعت ۱۲ در مقابل در ورودی نمایشگاه ، برای بازگشت به مدرسه آماده باشیم .

درمحوطهٔ نمایشگاه تابلو های متعددی برای هدایت بازدید کنندگان به غرفه های مختلف نصب کرده بودند . می دانستیم که با کمی غفلت ، امکان دورماندن از اعضای گروه و اتلاف وقت هست . ازاین رو به دقت مراقب بودیم . تا ساعت ده ونیم حرکت ما بسیار کند بود . دل نمی کندیم از مقابل غرفه ها دور بشویم .

-1-

کتاب این طور است ، حتی اگر نخواهیم یا نتوانیم آن را بخریم ، دست کشیدن به جلد ، یک تورق شتابان ، نگاه کردن به قیمت و آه از نهاد برآمدن کلی وقت می گیرد . از ساعت ده و نیم به بعد با توجه به قراری که با دو گروه دیگر داشتیم بر سرعت خود افزودیم .

کتاب های شعر و داستان و سرگذشت های تاریخی و زندگی بزرگان برای اکثر دانش آموزان بسیار جذاب بود. موسیقی ملایم و دل پذیری که پخش می شد ، همراه با عناوین متنوع کتاب ها که هریک ازناشران عرضه کرده بودند ، فضای فرهنگی مطبوعی ایجاد کرده بود .

من یک فرهنگ یک جلدی عمید خریدم . زهرا مثل همیشه به دنبال کلیات سعدی بود . از وقتی که درکتاب درسی فارسی با غزل سعدی آشنا شده است ، علاوه بر گلستان و بوستان ، غزلیات سعدی را هم می خواند . مژده فقط به دنبال داستان می گشت . چند کتاب داستان از کانون پرورش فکری جوانان در دستش بود. هدی داستان هایی راجع به زندگی بزرگان دین و یک جلد دیوان پروین اعتصامی و قصه های مجید را خریده بود .

یک دوره فرهنگ دو جلدی عمید و دیوان چند تن از شاعران و چند کتاب داستان هم به توصیهٔ خانم نکویی برای کتابخانهٔ مدرسه خریدیم . خود خانم نکویی که دست هایش پر بود . فرزانه به شوخی گفت : این همه ! خانم ، حسودی مان می شود . من گفتم : ناراحت نباش به زودی از محتوای همهٔ آنها درکلاس نگارش با خبر می شویم . خانم نکویی پول داده اند و ما مجانی می خوانیم . خانم نکویی با خنده گفت : البته نه همه اش ، هر کدام که مناسب باشد . همه خندیدیم .

ساعت از یازده و نیم گذشته بود و ما درمحوطهٔ نمایشگاه به سمت محلی که با دوستانمان قرار داشتیم روان بودیم . مینا فقط یک کتاب قصه برای خواهر کوچکش خریده بود . درعوض فهرست بلند بالایی به دست داشت. من با تعجب گفتم : فقط همین ؟ خانم نکویی گفت : بازدید از نمایشگاه کتاب تنها برای خرید کتاب نیست . دیدن عنوان های تازه ، مطلع شدن از انتشار کتاب های جدید ، گفت و گو راجع به آنها و چند ساعتی در میان کتاب پرسه زدن ، به تنهایی یک تجربهٔ فرهنگی غنی است . مینا گفت : بله همین طور است . من اسم کتاب هایی را که می خواهم یادداشت کرده ام تا درفرصت مناسب بخرم یا از کتابخانه‌های عمومی امانت بگیرم .

به محل مقرر رسیدیم . چه روزخوبی ! همهمهٔ خریداران کتاب ، موسیقی ملایم ، بوی خوش کتاب ، عنوان های جدید و بازدیدی دسته‌جمعی درکنار معلم خوب فارسی آن روز را بسیار دلچسب کرده بود . ساعت دوازده بود که سوار اتوبوس شدیم ...

单词 واژه

بازدید : 参观（名）

انتظار... را کشیدن : 等待（动）

غرفه : 展厅（名）

بی تاب : 急躁的，无耐性的（形）

فهرست : 目录（名）

قصد داشتن : 打算（动）

دبیر : 中学教师（名）

ازدحام : 密集（名）

دلیل : 原因（名）

رأس ساعت... : 点正（名）……

در ورودی : 入口处（名）

آماده بودن : 准备（动）

محوطه : 场所，场地（名）

تابلو : 招牌，布告（名）

متعدد : 很多的（形）

هدایت : 指引，引导（名）

بازدید کننده : 参观者（名）

غفلت : 疏忽，大意（名）

دور ماندن (از) : (مان) 脱离，掉队（动）

اتلاف وقت : 浪费时间（名）

از این رو : 因此（连）

مراقب بودن : 照看，照顾（动）

دل کندن :(کن) 舍弃（动）

دست کشیدن (به) : 伸手，伸手触摸（动）

جلد : 封面，封皮（名）

تورق : 翻阅（名）

شتابان : 匆忙的（地）（形、副）

قیمت：价格（名）

نهاد：内心（名）

اکثر：大多数的（形）

جذاب：有吸引力的，有魅力的（形）

ملایم：柔和的（形）

دلپذیر：合心意的（形）

پخش شدن (کردن)：播放（动）

متنوع：种类繁多的（形）

ناشر：出版者，发行者（名）

عرضه کردن (را)：提供（动）

مطبوع：和谐的，适宜的（形）

ایجاد کردن (را)：产生（动）

جلد：册（名）

مثل همیشه：与往常一样（副）

به دنبال ... گشتن：寻找（动）

غزل：抒情诗（名）

آشنا شدن (با)：认识（动）

کانون：中心（名）

پرورش：教育（名）

فکری：思想的（形）

راجع به...：关于……（介）

دیوان：诗集（名）

قصه : 故事（名）

مجید : 特指《古兰经》（形）

توصیه : 推荐（名）

حسودی : 嫉妒（名）

محتوا : 内容（名）

نگارش : 写作（名）

با خبر شدن (از) : 了解（动）

مجانی : 免费地（副）

با خنده : 笑着（副）

مناسب : 合适的（形）

روان بودن : 走向，出发（动）

درعوض : 相反，反过来（连）

بلند بالا : 高高的，厚厚的（形）

به دست داشتن (را) : 拿着（动）

تنها : 仅仅（副）

مطلع شدن (از) : 知道，获悉（动）

گفت وگو : 交谈（名）

انتشار : 发行（名）

پرسه زدن : 闲逛（动）

به تنهایی : 单独地（副）

تجربه : 体验，经历（名）

غنی : 丰富的（形）

یاد داشت کردن (را) : 记录（动）

عمومی : 公共的（形）

مقرر : 约定的（形）

همهمه : 嘈杂声（名）

خریدار : 购买者（名）

دسته جمعی : 集体的（形）

دلچسب : 令人愉快的，有趣的（形）

نکویی/عمید/ زهرا/مژده/هدی (هدا)/فرزانه/مینا : 在本课中都是人名

پروین اعتصامی :(۱۹۰۶ – ۱۹۴۱ م .) 帕尔温 • 埃堤萨米

درادب فارسی هیچ زن شاعری شهرت پروین اعتصامی را نیافته‌است. شعر وی از برجسته ترین نمونه های شعر تعلیمی معاصر محسوب می شود و دارای مطالب اجتماعی و اخلاقی و نکته های لطیف پند آموز است .

پرسش :

۱- چه کارهایی بچه ها را بی تاب کرده بود ؟

۲- به خاطر ازدحام جمعیت برنامهٔ بازدید چگونه بود ؟

۳- چرا بچه ها در محوطهٔ نمایشگاه به دقت مراقب بودند ؟

۴- بچه ها معمولاً چه نوع کتاب هایی می خریدند ؟

۵- آنها از بازدید نمایشگاه کتاب چه بهره ای بردند ؟

 翻译练习

1. 每天早晨七点半，班车停在宿舍区门口，等候学生并送他们到学校上课。

2. 展厅里非常拥挤，我们彼此照应着，以免掉队。(دور ماندن)

3. 展厅里播放着柔美的音乐，营造出一种和谐的气氛。

4. 上课快迟到了，我们必须加快速度。

5. 约定的时间到了，我们朝约定的地点走去。

6. 他在书市里逛了两个多小时，什么也没买。

7. 你在找什么？需要我帮忙吗？

8. 在老师的推荐下，这篇论文在学校获了奖。

9. 你有这么多好朋友，真让人羡慕。(حسودی)

10. 吃了这种药，病情不见好转，反而越来越厉害了。(در عوض)

11. 现在看来，不是他在帮我们，而是我们在帮他了。

معرفی کتاب جدید « بله ، شما هم می توانید »
介绍新书

" چگونه می توان به مفهوم واقعی زندگی رسید " شاید با خواندن کتاب «بله ، شما هم می توانید!»

به خود اعتماد داشته باشید ، به آینده بنگرید و گذشته را فراموش کنید، نگرانی های خود را کاهش دهید ، اشتباهات گذشتهٔ خود را فراموش کنید، نسبت به دنیای اطراف خود بدبین نباشید، از ابراز

سخنان منفی و ناامید کننده خود داری کنید ، کینه و حسادت را ازخود دور سازید. سلامتی خود را تضمین کنید ، عاقلانه ورزش کنید ، نیرو و توان خود را افزایش دهید ، بر بی خوابی غلبه کنید و همهٔ اینها توصیه هایی است که شما دراین کتاب با آن مواجه می شوید و به شما کمک می کند تا بیشتر احساس خوشبختی کنید.

نویسنده در مقدمهٔ کتاب به شما می گوید که این کتاب را در تمام زوایای زندگی خود مورد استفاده قرار دهید .

اندیشه کردن درفلسفهٔ زندگی، انجام امور به طورصحیح ، سخنرانی یا سخن گفتن با دوستان ، طرق صحیح گوش کردن ، برنامه ریزی درکارها ، مدیریت در کار و خانه ، رهبری یک گروه یا یک جمع ، انجام امور روزمره ، نحوهٔ برخورد با والدین یا دوستان ، فلسفهٔ عشق ، کمک به همنوعان و بسیاری از موضوعات دیگر که با خواندن این کتاب بدان دست خواهید یافت .

این کتاب ترجمهٔ اصغر شفیعی نیک است و توسط انتشارات آسیا و در چهارهزار نسخه منتشر شده است .

单词 واژه

واقعی : 真正的（形）

گذشته : 过去（名）

کاهش دادن (را) : 减少（动）

نسبت به ... : 对于……，关于……（介）

اطراف : 周围（名）

بد بین : 悲观的（形）

ابراز : 表示（名）

منفی : 消极的（形）

کینه : 仇恨（名）

حسادت : 嫉妒（名）

چیزی را ازخود دورساختن : 消除（动）

تضمین کردن (را) : 保障（动）

عاقلانه : 理性地，理智地（副）

توان : 力量（名）

بی خوابی : 失眠（名）

غلبه کردن (به) : 战胜（动）

خوشبختی : 幸福（名）

مقدمه : 前言（名）

زوایا : ج زاویه 方位，角度（名）

فلسفه : 哲学（名）

سخنرانی : 演讲（名）

برنامه ریزی : 规划，设计（名）

مدیریت : 管理（名）

رهبری : 领导（名）

روزمره : 日常的（形）

نحوه : 方式，方法（名）

برخورد : 对待；遇到；态度（名）

والدين : 父亲母亲（名）

همنوع : 同类，同胞（名）

دست یافتن (به) : 获得（动）

توسط ... : 通过……，借助……（介）

انتشارات : 出版社（名）

منتشر شدن : 出版，发行（动）

درس دوم

هلال احمر

红新月会

درحدود صد سال پیش در ایتالیا جنگ سختی درگرفت. نویسنده ای
از مردم سویس دربارۀ وضع ناگوار زخمیان این جنگ کتاب کوچکی
نوشت . دراین کتاب ، نویسنده پیشنهاد کرده بود که از میان مردم ،
گروه هایی داوطلب ، تشکیل شوند تا به یاری زخمیان و بیماران میدان-
های جنگ بشتابند. پیشنهاد این نویسنده سبب شد که جمعیتی برای نجات
زخمیان و آسیب دیدگان جنگ در سویس تشکیل شود.

چندی نگذشت که کار این گروه مورد توجه کشورهای مختلف قرار
گرفت و سرانجام جمعیت بین المللی صلیب سرخ به وجود آمد. نشان
این جمعیت پارچۀ سفیدی است که درمیان آن صلیب سرخی دیده
می شود. از آن پس قرار شد که هنگام جنگ در هرمحلی که پرچم این
جمعیت برافراشته شود ، آن جا از هجوم دشمنان در امان بماند ، و
کسانی که این نشان را همراه داشته باشند ، بتوانند آزادانه در میان
زخمیان آمد و رفت کنند.

کار صلیب سرخ تنها به پرستاری بیماران و رسیدگی به احوال
اسیران جنگی محدود نشد ، بلکه در دوران صلح نیز ادامه یافت .
به تدریج که کوشش های ثمربخش این جمعیت مشهود می شد ، دامنۀ آن
نیز گسترش بیشتری می یافت ، در کشورهای مختلف نیز شعبه های
بسیاری از این جمعیت به نام های مختلف به وجود آمد و درکشورهای
اسلامی نشان این جمعیت به جای صلیب سرخ " هلال احمر" برگزیده

-12-

شد.

این جمعیت در ایران نیز در حدود پنجاه سال پیش تشکیل گردید و آن را جمعیت شیر و خورشید سرخ نامیدند ، اما در تیرماه ۱۳۵۹ بنابه تصویب شورای انقلاب برای ایجاد وحدت و هماهنگی با سایرکشورهای اسلامی نشان هلال احمر به عنوان نشان این جمعیت پذیرفته شد.

وظیفهٔ جمعیت هلال احمر ایران تنها رسیدگی به زخمیان یا اسیران جنگی نیست ، بلکه در دوران صلح نیز وظیفه هایی به عهده دارد. تهیهٔ وسایل پیشگیری از بیماری های واگیردار مانند آبله و رسیدگی به آسیب-دیدگان حوادث ناگهانی مانند زلزله و سیل ، تربیت پرستارهای باتجربه و دلسوز از وظایف این جمعیت است . هم چنین جمعیت هلال احمر، مرکزهای انتقال خون و درمان فوری ایجاد کرده است . این مراکز به بیمارانی که نیاز به خون داشته باشند، به رایگان خون می دهند.

چنان که می بینید یک واقعهٔ محلی در ایتالیا باعث پیدایش جمعیت بزرگ خیریه ای در جهان گردید که همهٔ شعبه های آن ، هدف واحدی دارند. همین که درگوشه ای از جهان حادثه ای پیش آید و جان مردم به خطر بیفتد، گروه های امدادی این جمعیت ها ، از هرمذهب و ملت ، به یاری آنها می شتابند. درحقیقت هدف مقدس این جمعیت ها در تمام دنیا این شعر سعدی شاعر بزرگ ایران است که درهفتصد سال پیش سروده است :

بنی آدم اعضای یکدیگرند — که در آفرینش ز یک گوهرند
چو عضوی به درد آورد روزگار — دگر عضوها را نماند قرار
تو کز محنت دیگران بی غمی — نشاید که نامت نهند آدمی

واژه 单词

درحدود ... : （介）大约……

درگرفتن : （动）发生，爆发

سویس : （名）瑞士

ناگوار : （形）不尽人意的

زخمی : （名，形）伤员，受伤的

داوطلب : （名）自愿者

یاری : （名）帮助

شتافتن (به) :(شتاب) （动）赶忙，前往

آسیب دیده : （名，形）受害者，受伤害的

توجه : （名）关注，注意

جمعیت بین المللی صلیب سرخ : （名）国际红十字会

پارچه : （名）布

پرچم : （名）旗帜

برافراشته شدن : （动）被竖起，被举起

هجوم : （名）进攻

درامان بودن (از) : （动）安全

همراه داشتن (را) : （动）佩带

پرستاری : （名）护理

رسیدگی : （名）视察

اسیر جنگی : （名）战俘

محدود شدن (به) : 限制，局限（动）

ثمربخش : 有成效的（形）

مشهود شدن : 明显（动）

دامنه : 范围（名）

گسترش یافتن : 发展（动）

شعبه : 部门，分支（名）

به جای ... : 代替……（介）

هلال : 新月（名）

جمعیت هلال احمر : 红新月会（名）

برگزیده شدن : 被选择（动）

جمعیت شیرو خورشید سرخ : 红太阳狮子协会（名）

نامیدن (را) : (نام) 称为，叫做（动）

بنابه ... : 根据……（介）

تصویب : 通过，批准（名）

شورای انقلاب : 革命委员会（名）

وحدت : 统一（名）

سایر : 其他的（形）

به عهده داشتن (را) : 承担，担任（动）

پیشگیری : 预防（名）

بیماری واگیردار : 传染病（名）

آبله : 天花（名）

حوادث : ج حادثه 事件，事故（名）

زلزله : 地震（名）

با تجربه : 有经验的（形）

دلسوز : 关心的，同情的（形）

انتقال خون : 输血（名）

درمان فوری : 急救（名）

نیاز داشتن (به) : 需要（动）

واقعه : 事件，事实（名）

جمعیت خیریه : 慈善组织（机构）（名）

هدف واحد : 统一的目标（名）

گروه امدادی : 救援队（名）

مذهب : 宗教（名）

ملت : 民族（名）

درحقیقت : 事实上（副）

پرسش :

۱- نویسندهٔ سویسی درکتاب خود چه پیشنهادی کرده است ؟

۲- چرا کسانی که علامت جمعیت صلیب سرخ را همراه دارند می توانند در میدان جنگ آمد و رفت کنند ؟

۳- جمعیت صلیب سرخ در ابتدا چه وظیفه ای داشت و در دوران صلح چه کارهایی انجام می دهد ؟

۴- جمعیت هلال احمر ایران برای بیمارانی که نیاز به خون دارند ، چه کمکی می کند ؟

翻译练习

1. 没过多久，一场大规模的战争就爆发了。
2. 红十字会规定，在战场上，凡插有红十字旗帜的地方，就不应受到攻击。(در امان ماندن)
3. 志愿者佩带着红十字标记奔赴战场，抢救和护理伤员。
4. 志愿者的服务范围在不断扩大。
5. 红十字会向灾区提供医疗器材，派遣有经验的医护人员。
6. 校医院建立了输血中心和急救中心，向危重病人提供血液。
7. 一旦某地发生突发事件，人民生命受到威胁，救援人员就奔赴现场进行救助。
8. 教师除了传授知识、培养学生之外，还要从事科研工作。
9. 大学的必修课不限于专业课程，还包括外语和艺术类的课程。
10. 经过讨论和研究，他的申请被批准了。(به تصویب رسیدن)
11. 一走进展厅，我们就被一幅油画吸引住了。

(۱) تأسیس سازمان ملل متحد

联合国的成立

درجریان کنفرانس های تهران ، یالتا (yalta) 雅尔塔 و پوتسدام (potsdom) 波茨坦 سران دولت های متفق ، ضمن مذاکره دربارهٔ آیندهٔ آلمان، تصمیم به ایجاد سازمان ملل متحد گرفتند تا جانشین جامعهٔ ملل سابق گردد . بدین منظور در جریان کنفرانسی در سانفرانسیسکو

旧金山 ، نمایندگان ۵۰ کشور که علیه آلمان اعلان جنگ داده بودند ، اساسنامهٔ " منشور ملل متحد" را به تصویب رساندند و مرکز سازمان را نیز در نیویورک 纽约 تعیین کردند و بدین ترتیب سازمان ملل متحد تأسیس شد .

این سازمان شامل مؤسساتی چون دبیرخانه ، مجمع عمومی ، شورای امنیت ، شورای اقتصادی و اجتماعی ، شورای قیمومت و دادگاه بین المللی است .

سازمان ملل متحد درسال ۱۹۴۶ کلیهٔ مؤسسات مربوط به جامعهٔ ملل سابق را درسویس تحویل گرفت . در منشور سازمان آمده است که هدف این سازمان تأمین صلح جهانی است .

单词 واژه

سازمان ملل متحد : 联合国（名）

سران : 首脑（名）

دولت : 政府（名）

متفق : 同盟的，联盟的（形）

ضمن ... : 在……同时（介）

مذاکره (کردن) : 谈判（名）

آلمان : 德国（名）

جانشین ... شدن : 代替……（动）

جامعه : 社会（名）

سابق : 以前的（形）

علیه ... : 反对……（介）

اعلان جنگ دادن : 宣战（动）

اساسنامه : 章程（名）

منشور : 宪章（名）

به تصویب رساندن (را) : 通过，批准（动）

تعیین کردن (را) : 确定（动）

مؤسسه : 机构（名）

دبیرخانه : 秘书处（名）

مجمع عمومی : 全会（名）

امنیت : 安全（名）

اقتصادی : 经济的（形）

شورای قیمومت : 监管会（名）

دادگاه : 法庭（名）

کلیه : 全部（名）

تحویل گرفتن (را) : 接管，接受（动）

تأمین : 保障（名）

(۲) شهر المپیا

奥林匹亚城

یونانیان هرچهارسال یک بار جشن هایی به افتخار زئوس خدای خدایان در شهر المپیا برگزار می کردند. دراین جشن ها مسابقات دو ،

کشتی ، پرتاب دیسک ، مشت زنی و ارابه رانی برگزار می شد واین بازی ها را بازی های المپیک می نامیدند . بهترین ورزشکاران از سراسر یونان برای شرکت در این بازی ها گرد می آمدند . ده ها هزار تماشاگر از سراسر یونان و مهاجرنشین های یونانی برای تماشای این بازی ها جمع می شدند. بردگان را به این مراسم راه نمی دادند. هنگام برگزاری این بازی ها تمام جنگ های میان دولت-شهرهای یونانی متوقف می شد. درمحل برگزاری بازی ها به طورهم زمان نمایش های هنری و برنامه های موسیقی و بحث های فلسفی و معرفی آثار هنرمندان نیز انجام می شد. درآخرین روز بازی ها قهرمانان پیروز تاج هایی از شاخهٔ زیتون به عنوان افتخار در یافت می کردند. هنگامی که قهرمانان پیروز به شهرهای خود بازمی گشتند ، همشهریانشان با مراسم باشکوهی از آنها استقبال می کردند و غالباً به پاداش افتخاری که برای شهر خود کسب کرده بودند، مجسمهٔ آن ها را درمیدان شهر نصب می کردند. یونانیان برای بازی های المپیک چنان اهمیتی قایل بودند که تاریخ برگزاری اولین دورهٔ بازی های المپیک یعنی سال ۷۷۶ پیش از میلاد را مبدأ تاریخ خود قرار دادند

单词 واژه

زئوس : 宙斯神（名）

المپیا : 奥林匹亚（名）

دو : 田径（名）

پرتاب دیسک : 掷铁饼（名）

مشت زنی : 拳击（名）

ارابه رانی : 赛马（名）

مهاجرنشین : 移民，侨民（名）

برده : 奴隶（名）

متوقف شدن : 中断（动）

بحث : 讨论（名）

فلسفی : 哲学的（形）

زیتون : 橄榄（名）

دریافت کردن (را) : 获得，收到（动）

استقبال کردن (از) : 欢迎，迎接（动）

غالباً : 通常（副）

پاداش : 奖励，奖赏；报应（名）

مجسمه : 雕像（名）

قایل بودن (برای) : 认为（动）

مبدأ تاریخ : 纪年开始（名）

چیزی را ... قراردادن : 把……确定为……，把……置于……（动）

درس سوم

کردستان

库尔德斯坦

به فاصلهٔ کمی از جنگل های پوشیده از درختان گلابی و پستهٔ کوهی دریاچه ای شگفت و زیبا بر زمین دامن گسترده است. برخلاف دریاچه‌ های دیگر، نه تنها هیچ رودخانه ای به آن نمی ریزد، بلکه رود پرآبی نیز از آن سرچشمه می گیرد. آب این دریاچه از چشمه های متعددی که در کف آن می جوشد حاصل می شود. نام این دریاچه زری وار است . زری وار را در زمستان ها لایهٔ ضخیمی از یخ می پوشاند ، به طوری که می توان روی آن راه رفت. اطراف دریاچه محل مناسبی برای زندگی پرندگان است.

کردستان خطه ای است کوهستانی که استان های آذربایجان غربی ، زنجان و همدان آن را در میان گرفته اند . از مغرب نیز با کشور عراق همسایه است . طبیعت در کردستان با سخاوتمندی تمام زیبایی خود را به صورت های گوناگون به نمایش گذاشته است : از کوه های گنبدی و صخره های عریان و غارهای سنگی تا دشت های سرسبز .کردستان را می توان سرزمین رود و کوه و چشمه نامید . همه جا چشمه ها می جوشند و برگرد آنها علف های وحشی می رویند و از آب زلالشان جوی ها جاری می شود. حاشیهٔ جنگل ها پوشیده از گیاهان خودرو است و هر بهار فضا از عطر گیاهان سرشار می شود.

مرکز کردستان، سنندج ، در دامنهٔ کوه واقع است.این کوهستان، بهاری

-22-

پررنگ و بو دارد و به این سرزمین چشم اندازی زیبا بخشیده است . زمستان های کوهستان نیز با قلۀ پربرف ، دیدنی و شکوهمند است . میان هموطنان کرد دربارۀ این کوه قصه ها و افسانه های زیادی برسر زبان ها ست که بیانگر جایگاه این کوه در" فرهنگ مردم " کردستان است .

درکردستان به علت آب و هوای مساعد و مراتع سرسبز ، دام داری بسیار پررونق است. شغل عمدۀ مردم دراین استان دام پروری و کشاورزی است .

زبان هموطنان کرد بازمانده از یکی از زبان های قدیمی ایرانی است . مردم کردستان فرهنگ عامۀ (فولکلور) غنی دارند. بیش از هزارترانۀ محلی که محتوای آنها غالباً حماسی ، وصف شجاعت مردان درجنگ و شرح صحنه های زندگی چادرنشینی است ، دراین خطه برسر زبان ها ست.

کردها مردمی سخت کوش ، دلاور، خون گرم و مهمان نوازند ، وفای به عهد و درستی آنها زبان زد است . اکثر آنان اهل تسنن اند اما در استان کردستان اقلیتی شیعه و نیز گروهی از هموطنان پیرو دین مسیح و یهود زندگی می کنند. مردم کردستان دین دار، با تقوا و پای بند به آداب شریعت اند. دو عید مذهبی قربان و رمضان و جشن های مولودی را گرامی می دارند و بسیار خوب برگزار می کنند .

درودگری ، قالی و جاجیم و گلیم بافی از صنایع دستی عمده دراین استان است. به ویژه قالی بیجار درظرافت ، استحکام و نقشه های زیبا شهرت جهانی دارد. هموطنان کردستان درسال های دفاع مقدس با

رشادت از خاک ایران دفاع کرده و حماسه ها آفریده اند.

单词 واژه

گستردن : (گستر) 展开（动）

بر زمین دامن گستردن : 铺开（动）

برخلاف ... : 与……相反（介）

ریختن :(ریز) 流入，流淌（动）

سرچشمه گرفتن (از) : 发源（动）

کف : 底部，水底（名）

ضخیم : 厚的（形）

خطه : 地区，区域（名）

زنجان : 赞詹（名）

همدان : 哈马丹（名）

درمیان گرفتن (را) : 包围（动）

مغرب : 西方（名）

عراق : 伊拉克（名）

سخاوتمندی : 慷慨（名）

به نمایش گذاشتن (را) : 展示，展览（动）

گنبدی : 拱形的（形）

صخره : 岩石（名）

عریان : 裸露的（形）

-24-

غار : 山洞（名）

جاری شدن : 流动（动）

حاشیه : 边缘，周边（名）

وحشی : 野生的（形）

سرشار شدن (از) : 充满（动）

سنندج : 萨南达季（名）

دامنه : 山脚，山麓（名）

چشم انداز : 景色，视野（名）

قله : 山顶（名）

شکوهمند : 壮观的，壮丽的（形）

هموطن : 同胞（名）

افسانه : 神话（名）

برسر زبان ها بودن : 家喻户晓（动）

بیانگر... بودن : 表明（动）

آب و هوا : 气候（名）

مساعد : 宜人的（形）

مراتع : ج مرتع 牧场（名）

دام داری / دام پروری : 畜牧业（名）

پررونق : 繁荣的（形）

عمده : 主要的（形）

باز ماندن : 保留，留下（动）

عامه (فولکلور) : 民间的，民俗的（形）

-25-

شجاعت : 勇敢（名）

چادرنشینی : 游牧生活（名）

سخت کوش : 刻苦的，勤奋的（形）

خون گرم : 热情的（形）

مهمان نواز : 好客的（形）

وفا : 忠实（名）

عهد : 承诺（名）

زبان زد بودن : 众口相传，众所周知（动）

تسنن : 逊尼派（名）

استان : 省（名）

اقلیت : 少数（名）

شیعه : 十叶派（名）

پیرو : 信徒（名）

دین مسیح : 基督教（名）

دین یهود : 犹太教（名）

دین دار : 有宗教信仰的（形）

با تقوا : 虔诚的（形）

پای بند به ... بودن : 遵循（动）

شریعت : 宗教（法规）（名）

مولود : 诞辰（名）

گرامی داشتن (را) : 尊重，重视，珍视（动）

درودگری : 木工手艺（名）

جاجیم : 粗毛织毯（名）

گلیم بافی ： 线毛织物（名）

ظرافت : 精致，细腻（名）

استحکام : 结实，牢固（名）

رشادت : 勇敢，勇气（名）

دفاع کردن (از) : 捍卫，保卫（动）

آفریدن : (آفرین) 创造（动）

پرسش :

۱- ادبیات شفاهی مردم کردستان بیشتر دربارهٔ چه مسایل است ؟

۲- تفاوت " زری وار" با دریاچه های دیگر چیست ؟

翻译练习

1. 北京的周围是天津、河北和内蒙古。(درمیان گرفتن)
2. 中国黑龙江省的北部与俄罗斯接壤。
3. 春天的校园，景色秀美，空气中弥漫着花香。
4. 这些脍炙人口的传说，表明了英雄们在人们心目中的崇高地位。

   (بیانگر... بودن)
5. 库尔德斯坦的适宜的气候和天然的牧场使畜牧业迅速地发展起来。
6. 库尔德人信奉宗教，恪守教义。他们热情好客，勤劳勇敢。
7. 世界各地的华人都非常重视过春节。

آب و هوای استان تهران

德黑兰省气候

در استان تهران سه عامل جغرافیایی وجود دارد که در آب و هوای استان نقش مؤثری دارند. این عوامل عبارتند از : رشته کوه های البرز در شمال ، وزش بادهای باران زای غربی و دشت کویر در جنوب استان.

عامل ارتفاع در آب و هوای استان تهران نقش اساسی دارد. به همین جهت، با کاهش ارتفاع از شمال به جنوب دما افزایش می یابد اما میزان بارندگی کم تر می شود.

متوسط بارش در کوه های بخش شمالی استان ، بیش از ۵۰۰ میلی متر است ولی به سمت نواحی جنوبی کاهش می یابد و در حواشی دریاچهٔ نمک قم به ۱۰۰ میلی متر می رسد. در این استان ، فصل بارندگی از مهر تا اسفند ماه است. میزان بارندگی در دی ماه به حداکثر می رسد ولی در اوایل بهار، کم است . معمولاً در ماه های مرداد و شهریور باران نمی بارد.

گرم ترین ماه های سال، خرداد ، تیر و مرداد وسردترین آن ، آذر، دی و بهمن است. به طورکلی ، می توان نتیجه گرفت که با افزایش دما، بارندگی کم می شود و حتی قطع می گردد.

باد غالب در این استان، باد غربی است. این بادها هرگاه شدت بگیرند، قادرند هوای آلوده را از تهران خارج کنند. البته امتداد کوه های البرز بین تهران و کرج تا حدود زیادی بادهای غربی را به سمت شهریار منحرف می کند و مانع تخلیهٔ کامل آلودگی می شود مگر آن که شدت باد زیاد باشد. پس از باد غربی ، مهم ترین باد در فصل تابستان از سمت جنوب و از داخل کویر به سمت شهر تهران می وزد و به هنگام

-28-

وزش ، موجب انتقال گرمای هوای کویر و حمل گرد و غبار و آلودگی به سمت شهرهای استان می شود.

جریان هوای دیگری که درمحدودهٔ استان تهران می وزد، نسیم کوه به دشت و برعکس است. این بادها چون ملایم و آرام می وزند، قدرت پراکنده کردن مواد آلاینده را ندارند ولی روزها ، این مواد را با خود به طرف شمال تهران حرکت می دهند. مواد آلاینده پس از برخورد با کوه های بخش شمالی استان درآن جا راکد می مانند وشب ها با وزش نسیم کوه به سمت دشت ، ازشمال به جنوب ، سرازیر می شوند.

单词 واژه

عامل : 因素（名）

مؤثر : 有效的（形）

رشته کوه : 山脉（名）

وزش : 刮风（名）

باران زا : 产雨的（形）

کویر : 沙漠（名）

ارتفاع : 高度（名）

دما : 温度（名）

میزان : 数量，含量（名）

بارندگی : 降雨（名）

متوسط بارش : 平均降雨量（名）

میلی متر : 毫米（名）

نواحی : ج ناحیه 地区（名）

حواشی : ج حاشیه 边缘（名）

نمک : 盐（名）

قم : 库姆（名）

حداکثر : 最多（副）

به طور کلی : 总之（副）

نتیجه گرفتن : 总结（动）

قطع شدن : 停止（动）

غالب : 多数的，更多的（形）

قادر بودن (به) : 能（动）

امتداد : 沿线，沿途（名）

کرج : 卡拉季（名）

شهریار : 沙赫里亚尔（名）

منحرف کردن (را، به) : 转向（动）

مانع ... بودن : 阻止，阻碍（动）

تخلیه : 散开，扩散，撤出（名）

آلودگی : 污染（名）

مگرآن که : 除非（连）

جریان هوا : 气流，风向（名）

برعکس : 相反（副）

قدرت : 力量，权力（名）

پراکنده کردن (را) : 扩散（动）

مواد آلاینده : 污染物（名）

راکد ماندن : 静止，停滞（动）

البرز : 厄尔布士山 （名）

رشته کوه های شمالی ایران که از شمال غربی به شمال شرقی کشیده شده و مرتفع ترین قلهٔ آن دماوند است.

درس چهارم

اصفهان

伊斯法罕

نزدیک هزار سال پیش ازاین ، ناصرخسرو، شاعرآزادهٔ ایران ، درسفرنامهٔ خود نوشته است :" درهمه زمین پارسی گویان شهری نیکوتر و جامع تر و آبادان تر از اصفهان ندیدم و اندرون شهر همه آبادان ، که هیچ ازوی خراب ندیدم ". هم اکنون نیز شهر اصفهان یکی از شهرهای بزرگ و پرجعمیت و آباد ایران است که از دو جهت شهرت و اهمیت دارد. یکی بناهای تاریخی آن که اصفهان را درهمهٔ جهان مشهور و پرآوازه ساخته ، و جهان گردان را از سراسر گیتی مشتاق دیدار خویش گردانیده است. دیگر هوای معتدل اصفهان که در هرفصل بنابه اقتضای همان فصل ، هوایی خوش و مطبوع دارد ، چنان که درهمان سفرنامهٔ ناصرخسرو می خوانیم که اصفهان " شهری است برهامون نهاده ، آب و هوایی خوش دارد و هرجا که ده گزچاه فرو برند آبی سرد خوش بیرون آید ". مسجد آدینه ای که درزمان ناصرخسرو درمیان شهر قرار داشت و شرح آن درسفرنامه آمده است، هم اکنون تقریباً درشمال شرقی شهر قرار دارد و مجموعه ای از معماری قرون و اعصار است که در کمتر جایی از دنیا می توان نظیر آن را پیدا کرد.

گرچه اصفهان امروز با اصفهان روزگاران گذشته بسیار فرق کرده است ، اما مسجدها، مدرسه ها ، کاروان سراها، حمام ها ، پل ها ، کوشک ها و دیگر بنَاهایی که از گذشته در آن باقی مانده ، حکایت از

این دارد که به راستی این شهر زمانی یکی از شهرهای زیبای مشرق زمین بوده است .

درزمان صفویه که اصفهان پایتخت ایران شد بر شهرت و اعتبار آن افزوده گشت. دانشمندان و عالمان دین درآن اقامت گزیدند. هنرمندان مجال هنر آفرینی یافتند. درشهر قصرها و مساجد بزرگ ساخته شد تا جایی که مایهٔ رشک شهرهای جهان گردید و به آن لقب " نصف جهان" دادند .

اصفهان خرمی و سرسبزی خود را مدیون زاینده رود است . بر روی این رود که از ارتفاعات زرد کوه سرچشمه می گیرد پل های متعددی ساخته اند که بعضی از آنها از نظر تاریخی بسیار اهمیت دارد . مانند سی وسه پل و پل خواجو که ازنمونه های عالی معماری جهان است . آن سوی زاینده رود بناهای تاریخی زیادی بوده که بیشتر آنها ازمیان رفته است اما کلیسای تاریخی اصفهان موسوم به کلیسای "وانک" هنوز هم پا برجا و مورد استفادهٔ مسیحیان ارمنی است که در جلفای اصفهان ساکن اند. این کلیسا نیز یکی از نمونه های برجستهٔ هنر معماری ایرانی است .

درمیان شهر میدان نقش جهان قرار دارد. این میدان در چهار سوی خود مسجد شاه ، مسجد پررمز و راز شیخ لطف الله و نیز عمارت عالی قاپو و سردر بازار قیصریه را جای داده است . به فاصلهٔ کمی از این میدان ، کاخ چهل ستون بنا شده . بیرون اتاق ها و تالارهای این کاخ درایوان جلوی عمارت ، بیست ستون زیبا خود نمایی می کند، بازتاب تصویر این بیست ستون درآب استخر ، بنا را به چهل ستون مشهور

-33-

ساخته است .

علاوه بر بناهای تاریخی و آب و هوای خوش ، به هنرمندان و صنعتگران زبردستی برمی خوریم که هر یک چشم و چراغ جهان هنر و صنعت اند. پارچه های قلمکار، قاب های خاتم ، ظروف میناکاری ، قلم زنی و قالی های خوش نقش و نگار همه از آثار هنری و صنعتی این شهر زیبا ست . مردم اصفهان به هوش و درایت و موقع شناسی و ذکاوت مشهورند .

اصفهان پیوسته مهد پرورش دانشمندان بوده است. در گذشته دانشمندانی چون شیخ بهایی و درعصرما مردان نام آوری مانند محمود فرشچیان چراغ علم و هنر را در این شهر، فروزان نگاه داشته اند .

مردم اصفهان در انقلاب اسلامی ایران نیز سهم عمده ای دارند و در طول جنگ تحمیلی شهدای بسیاری به اسلام و میهن خود تقدیم کرده اند.

واژه 单词

سفرنامه : 游记（名）

پارسی گو : 说波斯语的（人）（形、名）

جامع : 全面的（形）

آبادان : 繁荣的（形）

اندرون : 里面，内部（名）

خراب : 毁坏的（形）

بنا : 建筑物（名）

پرآوازه : 著名的（形）

مشتاق : 渴望的（形）

بنابه اقتضای ... : 根据……需要（介）

هامون : 平原，平地（名）

گز : 长度单位（约等于 1 米）（名）

آدینه : 星期五（名）

مجموعه : 汇总，总合（名）

گرچه : 虽然（连）

کاروان سرا : 商队客栈（名）

حمام : 浴室（名）

حکایت از ... داشتن : 表明……（动）

مشرق : 东方（名）

اعتبار : 声誉，信誉（名）

اقامت گزیدن : (گزین) 定居，居住（动）

مجال : 机会（名）

مایهٔ ... گردیدن : 引起，致使（动）

رشک : 羡慕（名）

لقب ... دادن (به) : 称作（动）

مدیون... بودن : 归功于……（动）

ازمیان رفتن : 消失（动）

کلیسا : 教堂（名）

موسوم به... : 被叫做……的（形）

存在，屹立（动）：پابرجا بودن

亚美尼亚人（名）：ارمنی

居住（动）：ساكن بودن

杰出的，优秀的（形）：برجسته

充满奥秘的（形）：پررمز و راز

建筑物（名）：عمارت

牌楼（名）：سردر

宫殿（名）：كاخ

门廊（名）：ایوان

展现（动）：خود نمایی كردن

倒影，反映（名）：بازتاب

水池（名）：استخر

工匠（名）：صنعتگر

熟练的，手巧的（形）：زبردست

手绘布（名）：پارچۀ قلمكار (قلم كاری)

镶嵌工艺（框）（名）：قاب خاتم (خاتم كاری)

彩釉（名）：میناكاری

金属雕刻（名）：قلم زنی

图案优美的（形）：خوش نقش و نگار

聪明，有智慧（名）：درایت

务时；机灵（名）：موقع شناسی

敏锐，机智（名）：ذكاوت

مهد : 摇篮（名）

نام آور : 著名的（形）

سهم داشتن : 有贡献（动）

جنگ تحمیلی : 特指两伊战争（名）

شهدا : ج شهید 烈士（名）

میهن : 祖国（名）

تقدیم کردن (را ، به) : 奉献，呈上（动）

زاینده رود : 扎扬德河（名）

سی و سه پل : 三十三孔桥（名）

پل خواجو : 哈珠桥（名）

عمارت عالی قاپو : 阿里・考普宫（名）

کاخ چهل ستون : 四十柱宫（名）

ناصر خسرو : 纳赛尔・胡斯鲁

حکیم و شاعر معروف ایران درقرن پنجم هجری بود.

شیخ بهایی : 谢赫・巴哈伊

دانشمند و شاعر و ریاضی دان عصر صفوی بود وتألیفات متعددی به فارسی و عربی داشت .

محمود فرشچیان: 玛赫穆德・法尔希奇扬

استاد محمود فرشچیان در۱۳۰۸ شمسی به دنیا آمد. وی از مشهورترین نقاشان جهان است و چاپ آثار او توسط یونسکو به عنوان اولین مجموعه از « میراث جهانی » رویداد هنری بزرگی است .

پرسش :

۱- چه چیزهایی در اصفهان امروزی ، حکایت از شکوه و اعتبار روزگاران گذشتهٔ آن دارد ؟

۲- درسفرنامهٔ ناصر خسرو دربارهٔ اصفهان چه می خوانیم ؟

۳- اصفهان چه آثار هنری و صنعتی دارد ؟

 翻译练习

1. 享有世界声誉的千年古城吸引了世界各地的旅游者前来观光旅游。

2. 在演讲比赛上，他们终于获得了展示自己才华的机会。

3. 选手们的成功令人鼓舞，也令人羡慕。

4. 中国今天的经济建设成就应该归功于改革开放的好政策。

5. 我们经历过苦难的年代，所以非常珍惜今天安定祥和的生活。

6. 这所艺术学院培养了许多艺术人才，被誉为艺术家的摇篮。

7. 长江发源于青海省的唐古拉山。

8. 这些古老的建筑在告诉人们她们过去曾经拥有过的辉煌。

   (حکایت از ... داشتن)

9. 运动员在全运会上，取得了好成绩，为北京增添了荣誉。

10. 欢迎仪式上，学生代表向贵宾献了花。(تقدیم کردن)

11. 这些重大的科研成果使学校的科研水平在全国保持领先的地位。

12. 他把自己的每一点进步都归功于同学们的无私帮助。

افزایش و تمرکز جمعیت درتهران چه پیامد هایی دارد ؟

人口增长与聚集给德黑兰带来了什么结果？

امروزه همهٔ صاحب نظران معتقدند که جمعیت تهران نه تنها درحد مطلوب نیست بلکه این تمرکز جمعیت ، عدم تعادل های شدیدی را ، هم در سطح منطقهٔ شهری تهران و هم در کشور پدید آورده است . به موضوع زیر توجه کنید و این پیامد ها را مورد بحث قرار دهید.

۱ـ فشاربرمنابع آب: بحران آب درتهران جدی است. با افزایش جمعیت، فشار بر منابع آب سطحی و زیر زمینی بازهم بیشتر می شود.

۲ـ آلودگی هوا : با افزایش جمعیت، وسایل نقلیهٔ موتوری نیزافزایش می یابد. آلودگی هوای تهران یک مشکل جدی است .

۳ـ مصرف زیاد انرژی : مصرف برق تهران چند برابر سایر شهرهای بزرگ ایران است. مصرف گازمایع و سوخت های فسیلی نیز در تهران افزایش می یابد.

۴ـ نابودی کشاورزی و پوشش گیاهی : دربسیاری ازمناطق استان ، به دلیل افزایش جمعیت و توسعهٔ شهرک ها ، صنایع و راه های ارتباطی ، پوشش گیاهی و باغ ها از بین رفته است .

۵ـ آلودگی آب و خاک : درتهران سالانه ۳۰۰ تا ۳۵۰ میلیون متر مکعب فاضلاب به زیرزمین راه می یابد. نداشتن شبکهٔ جمع آوری فاضلاب و حرکت فاضلاب ها به سوی جنوب ، زمین های کشاورزی را آلوده کرده است. روزانه چند هزار تن زباله در تهران دفن می شود که موجب افزایش مسمومیت خاک می گردد.

۶ـ تشدید شهرنشینی و افزایش نیازهای خدماتی : افزایش جمعیت و مهاجرت به تهران موجب می شود که به طور مداوم ، روستاها به

شهر تبدیل شده و نیاز آن ها به تسهیلات شهری بیشتر شود.

۷- توسعهٔ کالبدی شهر، نیاز به مسکن :شهرهای استان به طوربی رویه گسترش پیدا می کنند. رشد بی رویهٔ شهرک ها و ساخت و سازهای غیرقانونی بیشتر می شود . کمبود مسکن یک مشکل بزرگ است .

单词 واژه

تمرکز : 集中（名）

پیامد : 结果（名）

صاحب نظر : 专家，学者，有见解的人（名）

مطلوب : 理想的（形）

عدم تعادل : 不平衡（名）

پدید آوردن (را) : 产生（动）

منابع : 资源（名）

مصرف : 消耗（名）

مایع : 液体，液化的（名，形）

سوخت : 燃料（名）

فسیلی : 化石性的（如煤炭）（形）

نابودی : 消失（名）

پوشش گیاهی : 植被（名）

مناطق : ج منطقه 地区（名）

به دلیل... : 由于……（介）

توسعه : 发展（名）

ارتباطی : 信息的（形）

سالانه : 每年（名）

مترمکعب : 立方米（名）

شبکه : 网（名）

فاضلاب : 污水（名）

تن : 吨（名）

زباله : 垃圾（名）

دفن شدن : 填埋（动）

مسمومیت : 毒性（名）

تشدید : 加剧（名）

شهرنشینی : 城市化（名）

مهاجرت : 迁移，移动（名）

به طور مداوم : 不断地（副）

تبدیل شدن (به) : 变换（动）

تسهیلات : 便利（设施）（名）

کالبد : 框架，结构（名）

مسکن : 住宅，住所（名）

بی رویه : 无计划的，不正规的（形）

گسترش پیدا کردن : 发展（动）

ساخت و ساز : 建设（名）

غیرقانونی : 非法的（形）

کمبود : 缺少，缺乏（名）

درس پنجم

زیبایی های دریا
美妙的大海

خانه ای ساحلی را درنظر خود مجسم کنید. اگر از پنجرهٔ آن که رو به دریا باز می شود به بیرون بنگرید چه خواهید دید ؟ منظره ای می بینید که درساعات مختلف روز و فصل های گوناگون سال فرق می کند.

سحرگاهان خورشید از پشت افق ، یعنی آن جا که دریا به آسمان می پیوندد، پدیدارمی شود و پرتوی سرخ گون بر امواج دریا می افکند. هنگام غروب انعکاس سرخی شفق را بر سطح دریا می توان دید. در نیمروز امواج دریا زیر انوار طلایی خورشید تلألو خیره کننده ای دارد .

روزهای ابری که آسمان تیره است ، رنگ دریا به کبودی یا خاکستری می زند و آسمان که صاف می شود، دریا هم غالباً آبی یا سبز روشن است . هنگامی که دریا آرام و مهربان است امواج به آهستگی سینه به ساحل می سایند، اما روزهای طوفانی گویی دریا از خشم کف به لب می آورد و مشت به ساحل می کوبد. پرواز مرغان دریایی و پرندگان ماهی خوار نیز بسیار تماشایی است .

درون دریا شگفتی های بسیاری در خود نهفته دارد. عمق دریاها و اقیانوس ها ماهیانی رنگارنگ و انواع مرجان ها و خزه های دریایی را درخود گرد آورده است .

اما انسان به طبیعت تنها از حیث زیبایی های آن نمی نگرد بلکه سودمندی آن را نیز در نظر دارد و سعی می کند از آن در بهبود زندگی

خود استفاده کند. اقیانوس ها و دریا ها که ظاهری چنین زیبا و دل انگیز دارند، گنجینۀ عظیمی از ثروت طبیعی اند. امروزدانشمندان و مهندسان معادن گاز و نفت زیر دریا را استخراج می کنند که بخش مهمی از انرژی سوختی جهان صنعتی از این منابع تأمین خواهد شد. نمونه ای دیگر از این ثروت طبیعی، ماهی است که غذای بسیاری از مردم جهان است .

انسان امروزی با سخت کوشی به دنبال کاوش هرچه بیشتر در اعماق اقیانوس ها است و درپی آن است که طرح هایی اجرا کند تا برق مورد نیاز شهرها و کارخانه ها و مراکز صنعتی را از جزر و مد دریاها و اقیانوس ها به دست آورد. اقیانوس ها و دریاها گذرگاه مناسبی برای حمل و نقل و ارتباط بین نقاط مختلف جهان به شمار می آیند. کالاهای گوناگون را به وسیلۀ کشتی های بزرگ به آسانی و ارزانی از راه اقیانوس ها از نقطه ای به نقطۀ دیگر حمل می کنند. انتقال مهم ترین کالای مورد نیاز جهان صنعتی ، یعنی نفت ، نیز بیشتر از طریق اقیانوس ها صورت می گیرد. بد نیست بدانید که دو سوم کرۀ زمین را آب فرا گرفته است و تنها یک سوم آن خشکی است . به همین دلیل کرۀ زمین را کرۀ آب نیز می نامند. از آن چه که خواندیم درمی یابیم که نزدیکی کشورها به دریا و اقیانوس ها امتیازی بزرگ است ، زیرا راه آبی باعث رونق اقتصادی و تجارتی کشورها است . خوشبختانه ایران از نظر دست یابی به دریا در موقعیت بسیار خوبی قرار دارد، از شمال به دریای خزر و از جنوب به خلیج فارس و دریای عمان راه دارد. دریای خزر باعث سرسبزی و خرمی خطۀ شمال شده است ؛

خلیج فارس نیز از مراکز مهم صید ماهی و مروارید است و در کف آن منابع عظیم نفت وجود دارد که از آن بهره برداری می شود. بعضی از تمدن های قدیم که ایران نیز جزء آنها است ، دراطراف آن به وجود آمده اند. به همین دلیل بعضی آن را گاهوارهٔ تمدن نامیده اند.

به خانهٔ ساحلی باز گردیم و بار دیگر پنجره را بگشاییم . آیا زیبایی های دریا را دوچندان نخواهیم دید و نگاه ما به آن همراه با سپاس و قدرشناسی نخواهد بود ؟ بیهوده نیست که در ادبیات ملل مختلف و در رؤیای شاعران و نویسندگان همواره آرزوی خانه ای را می بینیم که روی به دریا داشته باشد.

 واژه 单词

ساحلی : 沿海的（形）

مجسم کردن (را) : 想像（动）

منظره : 景色（名）

سحرگاهان : 拂晓，黎明（名）

افق : 地平线（名）

پدیدار شدن : 出现（动）

سرخ گون : 红彤彤的（形）

امواج : ج موج 波浪（名）

انعکاس : 反映，倒影（名）

شفق : 霞光（名）

تلألو : 光芒（名）

خیره کننده : 眼花缭乱的（形）

رنگ زدن (به) : 染色（动）

کبودی : 蓝灰色（名）

سینه : 胸（名）

ساییدن :(سای) 磨擦（动）

خشم : 生气（名）

کف : 泡沫（名）

مشت : 拳头（名）

ماهی خوار : 食鱼的（形）

عمق : 深度（名）

مرجان : 珊瑚（名）

خزه : 海苔（名）

حیث : 方面（名）

سودمندی : 益处（名）

در نظر داشتن (را) : 考虑（动）

گنجینه : 宝库（名）

ثروت : 财富（名）

کاوش : 挖掘，探索（名）

درپی ... بودن : 追随，追求（动）

طرح : 计划，方案（名）

جزر و مد دریا : 潮汐，潮水涨落（名）

حمل و نقل : 交通，运输（名）

به شمار آمدن : 被算为，被认为（动）

کالا : 物品（名）

ازطريق... : 通过……（介）

صورت گرفتن : 形成，完成（动）

کره : 地球（名）

فرا گرفتن (را) : 包围，占据（动）

در يافتن : (ياب) 明白，理解（动）

امتياز : 特权（名）

تجارتی : 贸易的（形）

موقعيت : 位置（名）

صيد ماهی : 捕鱼（名）

مرواريد : 珍珠（名）

بهره برداری شدن (از) : 收益，获利（动）

دوچندان : 双倍的，加倍的（形）

سپاس و قدرشناسی : 感恩，感谢（名）

رؤيا : 幻想（名）

پرسش :

۱- بيشتر انرژی سوختی جهان از چه به دست می آيد؟

۲- چرا کرهٔ زمين را کرهٔ آب می نامند؟

۳- چرا خليج فارس را گاهوارهٔ تمدن ناميده اند ؟

۴- موقعيت ايران را از لحاظ دست يابی به دريا بنويسيد .

翻译练习

1. 傍晚，可以看到昆明湖上霞光的倒影。(انعکاس)

2. 这条公交线路与城铁车站相连，给上班族带来了方便。(قطار شهری)

3. 东海海底蕴藏着丰富的石油资源。

4. 人类为了改善自己的生活，不断地挖掘和开采自然资源。

5. 发展经济和工业全球化需要能源来保障。(جهانی شدن صنعت)

6. 水路是运输石油和其他货物的重要通道，它也为全球的贸易繁荣发挥着重要的作用。

7. 利用潮汐发电，是节约能源的一种办法。

وضعیت کنونی آب های جهان

世界水资源现状

زندگی گیاهان، جانوران و انسان به آب وابسته است . استفاده از آب، به مصارف آشامیدن و کارهای روزمره محدود نمی شود. آب برای گذران اوقات فراغت وصنایع نیز مورد استفاده قرار می گیرد .

انسان می تواند بدون غذا ، چند روزی زنده بماند. اما بدون آب به زودی از پای در می آید.

مقدار آب موجود درسیارهٔ زمین تقریباً همواره ثابت بوده است. آب به مصرف آشامیدن ، کشاورزی و صنعت می رسد و زندگی انسان را رونق می بخشد .

اگر کرهٔ زمین را از بالا بنگرید آن را به شکل کره ای آبی رنگ

خواهید دید، زیرا بخش عظیم سطح آن را اقیانوس ها و دریا ها فرا گرفته اند و وسعت خشکی ها بسیار کمتر از آب ها است

از نظر مقدار و حجم ، ۹۷/۲ درصد از آب های موجود در سیارهٔ زمین در اقیانوس ها و دریا ها انباشته شده اند و فقط ۲/۸ در صد از آبها به شکل رودها ، یخچال ها ، دریاچه ها ، آب موجود در آتمسفر و آب موجود در خاک ها و آب های زیرزمینی می باشند.

انسان برای انجام فعالیت های خود به آب های شیرین نیاز دارد. آب شیرین یعنی آبی که ، میزان نمک های آن بسیار کم باشد. آب های اقیانوس ها و دریاها شور هستند و استفاده از آنها مستلزم تصفیه کردن است که این امر نیازمند سرمایه گذاری برای احداث تأسیسات آب شیرین کن می باشد . پس انسان ناچار است به آب های شیرین موجود در خشکی ها و آتمسفر زمین بسنده کند . حجم آب های شیرین درجهان بسیار کم و فقط حدود ۲/۸ درصد ازحجم کل آب های جهان است ، متأسفانه برای مصرف این مقدار آب نیز محدودیت هایی هست ، زیرا مقدار زیادی از آب های شیرین جهان به شکل یخ در "یخچال های قطبی" و کوهستانی قرار دارد و می دانید که به این صورت قابل بهره برداری نیست ولی انسان به آب های شیرین موجود دررودها ، دریاچه-ها و آب های زیرزمینی دسترسی دارد . البته آب های زیرزمینی هم که در درون لایه های زمین قرار دارد ، بهره برداری از آن به اکتشاف، حفرچاه ، کانال کشی و به کار بردن دستگاه های پمپ آب و ایجاد تأسیسات و لوله کشی نیازمند است .

واژه 单词

وابسته بودن (به) : 取决于（动）

آشامیدن : (آشام) 饮，喝（动）

گذران : 度过（名）

زنده ماندن : 生存（动）

از پای درآمدن : 倒下（死亡）（动）

سیاره : 行星（名）

ثابت : 固定的（形）

وسعت : 范围，面积（名）

حجم : 容量（名）

درصد : 百分数（名）

انباشته شدن : 被储存（动）

یخچال : 冰川（名）

آتمسفر : 大气（名）

فعالیت : 活动（名）

آب شیرین : 淡水（名）

شور : 咸的（形）

مستلزم ... بودن : 需要（动）

سرمایه گذاری : 投资（名）

احداث : 建立，建造（名）

تأسیسات : 机构，设施（名）

آب شیرین کن : 淡化水质（名）

بسنده کردن (به) : 满足（动）

قابل ... بودن : 值得……（动）

دسترسی داشتن (به) : 能得到（动）

درون : 内部（名）

اکتشاف : 勘探（名）

کانال کشی : 挖掘运河（名）

به کار بردن (را) : 使用（动）

پمپ آب : 水泵（名）

درس ششم

آسمان
天空

آیا شما تاکنون به آسمان چشم دوخته اید و درماه روشن و ستارگان زیبای آن نظر کرده اید؟

بعید است این منظرهٔ شگفت انگیز و دل پذیر توجه شما را به خود جلب نکرده باشد. تنها شما نیستید که دوست دارید آسمان را تماشا کنید و از راز و رمز آن با خبر شوید ، مردمان گذشته نیز از دیرباز با این چشم انداز پاک و پهناور انس و الفت داشته اند و از آن سخن ها گفته اند و ازآن چیزها آموخته اند. آسمان گردشگاه شبانهٔ روستاییانی است که شب ها مزارع خود را آبیاری می کنند و عشایری که هفته ها و ماه ها درحال کوچ در دشت و بیابان به سر می برند و چوپانانی که شب ها ، درکنار گوسفندان خود ، در صحرا می خوابند. آنها با چشمان خود در باغ بزرگ و پرستارهٔ آسمان تفرج می کنند. آنها ستارگان را می شناسند و خوب می دانند که هر یک درکدام سمت آسمان طلوع و درکدام طرف غروب می کند...

بسیاری از پیشینیان باور داشته اند که وضع ستارگان آسمان در سرنوشت و وضع زندگانی آنها تأثیر دارد . هنوز هم بعضی از مردم بر این باورند.

بسیاری از شاعران و نویسندگان نیز از گذشته های دور در شعرها و نوشته های پراحساس خود آسمان را توصیف کرده و از خورشید و

-51-

ماه و اختران سخن ها گفته اند. انسان ها از روزگاران قدیم درآرزوی پرواز به آسمان و دست یابی به ستارگان بوده اند. فردوسی ، شاعر بزرگ ایران و ژول ورن ، نویسندهٔ معروف فرانسوی ، این آرزو ها را درقالب شعر و داستان بیان کرده اند. امروزه با اختراع هواپیما و موشک و ماهواره این آرزو تا اندازه ای برآورده شده و انسان توانسته است درفضا سفر کند و به سطح کرهٔ ماه قدم بگذارد.

راستی این آسمان ، که مانند اقیانوسی عمیق و بی انتها بالای سرما قراردارد ، چیست ؟ علت روشنایی ستارگان چیست ؟ چرا ماه گاهی به صورت هلال و گاهی به صورت بدر در آسمان ظاهر می شود و آنگاه دوباره هلال می شود و این دگرگونی را پیوسته تکرار می کند ؟ خورشید چه فرقی با ستارگان دیگر دارد؟ آیا روزها هم در آسمان ستاره هست ؟ این شهاب هایی که شب ها گاهی ، مانند یک تیر روشن ، چند لحظه در آسمان ظاهر می شوند و به سرعت حرکت می کنند و خاموش می شوند از کجا می آیند و به کجا می روند؟ ستارهٔ دنباله دار چه نوع ستاره ای است و چه فرقی با دیگر ستاره ها دارد ؟ این راه روشن که پراز ستاره های ریز و درشت است و به آن " کهکشان " یا راه مکه می گویند چیست ؟

این پرسش ها نه تنها خیال شاعران و نویسندگان بلکه اندیشهٔ دانشمندان ْ را نیز ازهزاران سال پیش به خود مشغول داشته و سبب پیدایش علمی به نام نجوم شده است که امروزه نیز درجهان ارزش و اهمیت بسیار دارد. دردنیای ما هزاران دانشمند ، در سراسر جهان ، در رصدخانه ها ، به کمک انواع تلسکوپ ها ، در اوضاع ستارگان و

ماه و خورشید تحقیق می کنند.

هرچند ستارگان از ما بسیار دورند اما منجمان ، با مشاهده و اندازه گیری دقیق جای آنها در آسمان ، توانسته اند فایده های بسیاری برای مردم زمین کسب کنند. از جملۀ این فایده ها آن است که در هرجای کرۀ زمین می توانند جهت دقیق شمال و جنوب و مشرق و مغرب را تعیین کنند و کاروان ها و کشتی ها را در راه یابی یاری نمایند.

فایدۀ دیگر این است که توانسته اند ، با مشاهدۀ دقیق ماه و خورشید و تعیین حرکت آنها ، به تنظیم تقویم بپردازند. دقیق ترین اندازه گیری ها و محاسبات برای تنظیم تقویم سال خورشیدی یا شمسی به دست حکیم عمر خیام ، دانشمند ایرانی ، انجام یافته که به تقویم جلالی معروف است .

واژه 单词

چشم دوختن (به) : 凝视（动）

بعید بودن : 不可能（动）

توجه ...را به خود جلب کردن : 吸引某人的注意力（动）

از دیرباز : 很久以来（副）

انس و الفت داشتن (با) : 亲近, 熟悉（动）

روستایی : 农民（名）

آبیاری کردن (را): 灌溉（动）

عشایر :ج عشیره : (游牧) 部落（名）

کوچ : 迁徙（名）

به سر بردن : 生活（动）

چوپان : 牧羊人（名）

تفرج کردن : 漫游，散步（动）

شناختن (را) : (شناس) 认识（动）

طلوع کردن : 日出（动）

باور داشتن : 相信（动）

سرنوشت : 命运（名）

تأثیر داشتن (در) : 产生影响（动）

توصیف کردن (را) : 描绘（动）

اختر : 星（名）

دست یابی : 获取（名）

قالب : 模式，模型（名）

ماهواره : 卫星（名）

برآورده شدن : 实现（动）

قدم گذاشتن (به) : 踏上，踏入（动）

عمیق : 深的（形）

بی انتها : 无尽的（形）

بدر : 全月（名）

ظاهر شدن : 出现（动）

شهاب : 流星（名）

تیر : 箭，子弹（名）

ستارهٔ دنباله دار ： 彗星（名）

ریز ： 细小的（形）

کهکشان ： 银河（名）

مکه ： 麦加（名）

نجوم ： 天文学（名）

ارزش ： 价值（名）

رصدخانه ： 天文馆（名）

هرچند... ： 虽然……（连）

منجم ： 天文学家（名）

مشاهده ： 观察（名）

اندازه گیری ： 测量（名）

دقیق ： 准确的，精确的（形）

ازجملهٔ... ： （其中）包括……（介）

کاروان ： 商队（名）

راه یابی ： 领航，导航（名）

محاسبات ： ج محاسبه 计算（名）

حکیم ： 哲学家（名）

تقویم جلالی ： 杰拉里历法（名）

تقویمی که درزمان ملکشاه سلجوقی براساس ماه های شمسی تنظیم گردید وعده ای از دانشمندان از جملهٔ عمرخیام درتهیهٔ آن شرکت داشتند. قبل از آن تقویم هجری قمری رایج بوده است که به علت عدم مطابقت با فصل های سال مشکلاتی ایجاد می کرد.

ژول ورن :(۱۸۲۸ - ۱۹۰۵م .)   儒勒·凡尔纳

رمان نویس معروف فرانسوی که داستان های علمی و تخیلی متعددی نوشته است . « دور دنیا درهشتاد روز» و « بیست هزار فرسنگ زیر دریا » از آثار او ست .

خیام : (۱۰۴۸ - ۱۱۲۲م .)   海亚姆

فیلسوف ، منجم و شاعر ایرانی است و اشعاری به فارسی و عربی و آثاری در ریاضی و نجوم دارد .

پرسش :

۱- پیشینیان دربارهٔ ارتباط وضع ستارگان با زندگی مردم چه اعتقادی داشتند ؟

۲- دو فایدهٔ مُهم را که دانشمندان و ستاره شناسان از مطالعهٔ وضع ستارگان کسب کرده اند ، بنویسید .

 翻译练习

1. 这里天然的景色，不能不令游客们长时间地驻足观赏。(بعید بودن)

2. 我们熟悉这美丽而富饶的故乡，并深深地爱着她。

3. 星星的自然形状不会给人们的命运带来任何的影响。

4. 人类飞向太空、登上月球的愿望终于实现了。

5. 宇航员驾驶着航天飞机在太空中遨游，同时进行各种科学实验。

6. 天文学家观察和测量宇宙中各种星球的位置，让宇宙造福于人类。

7. 在天文馆里，我们借助天体望远镜观察不同的星球。

8. 诗人们用深情的语言描绘了祖国的大好河山。

9. 尽管他拼命地解释，但大家还是不相信。

10. 虽然雪下得很大，但由于环卫工人清扫及时，道路很畅通。

(۱) آلودگی هوا

空气污染

علل آلودگی هوا

آلودگی هوا ممکن است براثر عوامل طبیعی یا فعالیت انسان ایجاد شود . فوران های شدید آتش فشان و وزش طوفان و بادهای شدید ، گازها و ذرات ریزی را وارد هوا می کند و باعث آلودگی آن می شود. اما آن چه امروزه به عنوان آلودگی هوا مطرح می شود ، ناشی از فعالیت های انسانی مانند صنعت ، کشاورزی ، شهرسازی و ... است .

افزایش گازهای گلخانه ای و آلودگی هوا

آیا تا به حال به گلخانه رفته اید ؟ می دانید چرا در بعضی از خانه ها گلخانه درست می کنند ؟ شاید بگویید برای نگهداری گیاه از سرما و یخبندان این کار را انجام می دهند . سقف اکثر گلخانه ها را از شیشه و نایلون می سازند . علت این امر آن است که تابش نور خورشید از شیشه یا نایلون عبور کرده و آن محوطه را گرم می کند . اما گرمای ناشی از تابش نمی تواند از شیشه یا نایلون خارج شود . درتنیجه داخل محوطه گرمتر از بیرون می شود . این عمل شیشه یا نایلون را خاصیت گلخانه ای می گویند . بعضی از گازهای موجود در جو نیز همین حالت را ایجاد می کند. کرهٔ زمین با تابش خورشید گرم می شود ، اما گرمای بازتابی زمین به علت وجود گازهایی مانند بخار آب ، دی اکسید کربن ،

متان ، دی اکسید نیتروژن و غیره از جو زمین خارج نمی شود . بدین ترتیب اثر مثبت پدیدهٔ گلخانه ای آن است که از سرد شدن زیاد زمین درهنگام شب جلوگیری می کند و درعین حال مانع گرم شدن بیش از حد زمین درهنگام روز می شود . به این پدیده اثر " گلخانه ای جو" می گویند که در واقع مثل پتو و پوششی برای سیارهٔ زمین محسوب می شود .

آیا میزان گاز های گلخانه ای افزایش یافته است ؟

هرچند فرضیهٔ گرم شدن کرهٔ زمین هنوز به طور کامل اثبات نشده است اما افزایش میزان دی اکسید کربن و اثر گلخانه ای امری غیرقابل انکار است .

برخی از دانشمندان معتقدند که با افزایش کارخانه ها و فعالیت های صنعتی و استفادهٔ بیش ازحد از سوخت های فسیلی ، افزایش استفاده از وسایل نقلیه ، از بین رفتن جنگل ها و مراتع میزان گازهای گلخانه ای چون دی اکسید کربن افزایش یافته است که این امر می تواند موجب گرم شدن زمین شود .

مهم ترین پیامد های گرم شدن کرهٔ زمین چیست ؟

۱ـ گرم شدن زیاد هوا باعث ذوب شدن توده های یخ در قطب شمال و جنوب می شود .

۲ـ سطح آب اقیانوس ها و دریا ها بالا می آید و این امر باعث به زیر آب رفتن سواحل پست و دلتا ها وبرخی جزایر وایجاد سیل خواهد شد.

۳ـ طول دوره های خشکسالی افزایش می یابد و دربرخی مناطق میزان محصولات کشاورزی کم می شود . در بخش دیگری از کرهٔ زمین میزان بارش افزایش یافته و خطر سیل آنها را تهدید خواهد کرد .

واژه 单词

براثر(دراثر) ... ：由于……（介）

فوران ：喷发（名）

آتش فشان ：火山（名）

ذرات ：ج ذره　分子（名）

مطرح شدن ：提出（动）

ناشی از ... بودن ：由……而产生，由……而引起（动）

یخبندان ：冰冻，结冰（名）

سقف ：天花板（名）

نایلون ：尼龙（名）

تابش ：照射（名）

خاصیت ：性能（名）

جو ：大气，空气（名）

متان ：沼气，甲烷（名）

دی اکسید نیتروژن ：二氧化氮（名）

مثبت ：积极的，肯定的（形）

پدیده ：现象（名）

درعین حال ：同时（介）

محسوب شدن ：被看作（形）

فرضیه ：假设，推测（名）

اثبات شدن ：证实（动）

غیرقابل انکار ：不可否认的（形）

تودهٔ یخ : 冰块（名）

پست : 低的，低洼的（形）

دلتا : 三角洲（名）

تهدید کردن (را) : 威胁（动）

(۲) حفاظت از محیط زیست

保护环境

راه های مختلف برای حفاظت از محیط زیست وجود دارد :

- آشغال ها و زباله ها را در محیط اطراف نیندازیم . برعکس ، این زباله ها را می توان تفکیک کرد واز طریق بازیافت دوباره ازآن ها استفاده کرد.
- ترویج پیاده روی یا استفاده از دوچرخه و وسایل نقلیهٔ عمومی مثل اتوبوس و مترو به جای وسایل نقلیهٔ شخصی
- جلوگیری از اتلاف منابع انرژی طبیعی مانند نفت، زغال سنگ وبرق
- استفاده از منابع انرژی طبیعی مانند باد و نور خورشید
- پاک نگه داشتن آب ها
- حفظ جنگل های طبیعی
- درخت کاری و جنگل کاری مصنوعی

单词 واژه

حفاظت : 保护，保存（名）

محیط زیست : 环境（名）

آشغال : 垃圾（名）

تفکیک کردن(را) : 分解，分开（动）

بازیافت : 再生（名）

ترویج : 推广，提倡（名）

پیاده روی : 步行（名）

وسیلهٔ نقلیهٔ شخصی : 私人交通工具（名）

مترو : 地铁（名）

مصنوعی : 人造的（形）

درس هفتم

دهخدا ، محقق و شاعر
德胡达 —— 学者、诗人

در عالم مطبوعات و مبارزات سیاسی عصر بیداری نخستین نامی
که به ذهن می گذرد از آن علامه علی اکبر دهخدا است. پدراو
خانباباخان اصلاً اهل قزوین بود که چندی پیش از تولد فرزندش زندگی
خود را به تهران منتقل کرد. دراین شهر بود که علی اکبر به سال
۱۲۵۷ هجری خورشیدی دیده به جهان گشود. بیشتر از ده سال نداشت
که پدرش از دنیا رفت و علی اکبر با سرپرستی مادر به فرا گرفتن
دانش همت گماشت.

دهخدا به مدت ده سال به فرا گرفتن علم و دانش پرداخت و با وجود
فقر و تنگدستی درکسب کمالات کوشید. پس از آن به مدرسهٔ علوم
سیاسی وارد شد و زبان فرانسه را نیکو آموخت و به همراه یکی از
دوستانش به اروپا رفت و همزمان با فرا گرفتن دانش های جدید زبان
فرانسهٔ خود را نیز تکمیل کرد.

درهمان روزهای آغاز مشروطیت به ایران آمد و درانتشار روزنامهٔ
مشهور صوراسرافیل که از نشریات پرآوازهٔ صدر مشروطه بود با
میرزا جهانگیر خان صوراسرافیل به همکاری پرداخت. درپی کودتای
محمد علی شاه و قتل میرزا جهانگیرخان با گروهی دیگر از آزادی-
خواهان به اروپا رفت و در سویس سه شمارهٔ دیگر از صوراسرافیل را
منتشر کرد. بعد به استانبول رفت و درآن جا با همکاری گروهی دیگر

-62-

به انتشار روزنامهٔ سروش همت گماشت.

پس از برکناری محمدعلی شاه ، مردم کرمان وتهران دهخدا را به نمایندگی مجلس برگزیدند. مقارن جنگ جهانی اول در چهار محال و بختیاری مدتی منزوی زیست و پس از جنگ به تهران آمد و از کارها و مشاغل سیاسی کناره گرفت و به تحقیق و پژوهش درقلمرو لغت و زبان فارسی پرداخت. دراین ایام چندی ریاست مدرسهٔ علوم سیاسی و مدتی هم ریاست دانشکدهٔ حقوق را بر عهده داشت و در همان حال به امر تدریس و پژوهش سرگرم بود. پس از شهریور ۱۳۲۰ که ایران به اشغال قوای بیگانه درآمد یکسره از کارهای دولتی روی برگردانید و گردآوری و تنظیم لغات فارسی مشغلهٔ اصلی او شد.

با روی کارآمدن مصدق ازدولت ملی او پشتیبانی کرد. همین امر سبب شد که پس از کودتای ۲۸مرداد ۱۳۳۲ پیرمرد مدتی آماج بی مهری و آزار و اذیت دولت کودتا گردد. علامهٔ دهخدا در اسفند ماه ۱۳۳۴ هجری شمسی پس از عمری تلاش و کوشش در دو قلمرو سیاست و تحقیق در تهران وفات کرد .

آثار دهخدا

آثار دهخدا را می توان به دو دستهٔ تحقیقی و ادبی تقسیم کرد :

الف ـ مهم ترین آثار ادبی وی عبارتند از :

۱ـ چرند و پرند، مجموعه ای شامل سرمقاله ها و نوشته های طنز آمیز او که در روزنامهٔ صوراسرافیل چاپ می شد، سبک دهخدا در چرند و پرند ادامهٔ شیوهٔ عبید زاکانی ، شاعر طنزپردازو همشهری او ست.

۲ـ دیوان اشعار، مجموعه ای کم حجم از اشعار سیاسی و اجتماعی او

-63-

حاوی شعر های ادیبانه و فکاهیات. آثار ادبی دهخدا یادگار ایام جوانی و روزگاری است که با تمام وجود به فعالیت های سیاسی و اجتماعی روی آورده بود.

ب - مهم ترین آثار تحقیقی دهخدا که طی دوران دوم حیات وی به دور از جریان ها و فعالیت های سیاسی گذشت ، به قرار زیر است :

۱- امثال و حکم ، شامل ضرب المثل ها و تعبیرات مثلی فارسی به همراه شواهد زیادی از نظم و نثر .

۲- لغت نامه ، که مفصل ترین کتاب لغت زبان فارسی و حاوی اطلاعات زیادی است دربارهٔ اسامی خاص و تاریخی و جغرافیایی .

单词 واژه

محقق : 研究员（名）

عالم مطبوعات : 新闻界（名）

مبارزه : 斗争（名）

علامه : 博学者（名）

اصلاً : 按籍贯（副）

قزوین : 加兹温（名）

منتقل کردن (را ، به) : 迁移，移动（动）

دیده به جهان گشودن : 出生（动）

سرپرستی : 监护，监管（名）

همت گماشتن (به) :(گمار) （动）努力，致力于……

فرا گرفتن : 学习，掌握（名、动）

فقر : 贫穷（名）

تنگدستی : 贫困（名）

کمالات : 才艺，技能（名）

اروپا : 欧洲（名）

تکمیل کردن (را) : 完善（动）

مشروطیت : 立宪运动（名）

صور اسرافیل : 天使号角（报刊名）

نشریات : ج نشریه 出版物（名）

صدر : 开始，初期（名）

همکاری : 合作（名）

کودتا (کردن) : 政变（名）

قتل : 杀害（名）

آزادی خواه : 追求自由的（人）（形、名）

استانبول : 伊斯坦布尔（名）

برکناری : 罢免（名）

مقارن : 同时间的（形）

منزوی : 隐居的（形）

مشاغل : ج مشغله 职业（名）

کناره گرفتن (از) : 避开，躲开（动）

پژوهش : 研究（名）

قلمرو : 领域（名）

ریاست : 主任，校长（名）

حقوق : 法律（名）

قوا : ج قوه 军队（名）

بیگانه : 外国的，外来的（形）

یکسره : 立刻（副）

روی بر گردانیدن (از) :(گردان) 脱离，放弃（动）

گردآوری : 收集（名）

روی کار آمدن : 上台（动）

ملی : 民族的（形）

آماج ... شدن : 成为……目标（动）

بی مهری : 冷遇，冷酷（名）

اذیت : 迫害，欺负（名）

تلاش : 奋斗（名）

سیاست : 政治（名）

وفات کردن : 去世（动）

چرند و پرند : 无稽之谈（刊名）

سرمقاله : 社论（名）

طنز : 讽刺，嘲笑；杂文（名）

چاپ شدن : 出版（动）

سبک : 风格（名）

طنز پرداز : 杂文作家（名）

ادیبانه : 文学性的（形）

فکاهی : 幽默的，滑稽的（形）

حاوی : 包含……的，含有……的（形）

یادگار... بودن : 记录（动）

روی آوردن (به) : ……转向（动）

امثال و حکم : 《格言谚语词典》（书名）

ضرب المثل : 谚语，成语（名）

تعبیر : 短语（名）

شواهد : ج شاهد 例证（名）

لغت نامه : 辞典，词典（名）

مفصل : 详细的，详尽的（形）

میرزا جهانگیرخان :米尔扎 • 贾杭基尔汗

روزنامه نویس آزادی خواه ایرانی که توسط نیروهای استبداد به قتل رسید .

محمدعلی شاه :穆罕默德 • 阿里沙赫

ششمین شاه قاجار که با حکومت مشروطه مخالف بود و درسال ۱۳۲۷ قمری از سلطنت برکنار و از ایران خارج شد.

چهارمحال و بختیاری :恰哈尔马哈勒-巴赫蒂亚尔省

نام استان نی واقع در جنوب غربی ایران که مرکز آن شهر کرد است.

مصدق : (۱۸۷۹- ۱۹۶۷ م .) 摩萨台

تحصیلات عالی را در رشتهٔ حقوق درفرانسه و سویس انجام داد. مدت هایی به نمایندگی مجلس انتخاب شد . درسال۱۹۵۱به نخست وزیری رسید ، درسال۱۹۵۳معزول و زندانی شد . پس از اتمام

محکومیت به احمد آباد رفت و درآن جا بود تا درگذشت.

عبید زاکانی :(؟- ۱۳۷۰ م.) 欧贝德・扎康尼

شاعر و نویسنده ای بذله گو و طنزآور بود که از فساد زمانه با زبان طنز و سخن شیرین انتقاد می کرد .

پرسش :

۱- دهخدا مطالب انتقادی و سیاسی خود را به چه عنوان و با چه شیوه ای می نوشت ؟

۲- لغت نامهٔ دهخدا شامل چه چیزهایی ست ؟

翻译练习

1. 这是革命初期最有影响的报纸之一。(صدر)
2. 政变当局上台后，他一度受到攻击和迫害。(آماج ... بودن)
3. 第一次世界大战期间，他一直隐居在自己的家乡。
4. 张先生辞去公职，成为一名专业作家。(حرفه ای)
5. 这部传记，记录了他积极从事政治和社会活动的经历。(یادگار...بودن)
6. 为了让孩子接受良好的教育，他们把家从北方搬到了南方。
7. 为了减轻家里的负担，我决心通过勤工俭学来自筹学费。
8. 我决心帮助他树立信心，战胜疾病，恢复健康。
9. 小李在从事教学工作的同时，还完成了自己的博士论文。
10. 小王放弃了自己的假日休息，主动帮助我们整理图书。

(۱) کودتای ۲۸ مرداد ۱۳۳۲

伊朗1953 年 8 月 18 日政变

فاصلهٔ زمانی سی ام تیرماه ۱۳۳۱ تا ۲۸ مرداد ۱۳۳۲ هجری شمسی را باید زمان فراهم آمدن مقدمات کودتا دانست. دراین مدت، آمریکایی ها فعالانه وارد عمل شدند و پس از آن که مطمئن شدند نمی توانند از راه های سیاسی نفت ایران را به چنگ آورند ، تصمیم به کودتا گرفتند. انگلیسی ها نیز با آمریکایی ها معامله کردند و قسمتی از منافع خود را به آن ها واگذار نمودند. سازمان جاسوسی آمریکا ـ یعنی سیا ـ ابتکار عمل را درانجام کودتا و ساقط کردن حکومت <u>مصدق</u> به دست گرفت . پس از آن که سرگردانی مردم دراثر اختلاف رهبران و غوغاها و توطئه هایی که مزدوران خارجی همه روزه به راه می انداختند به نهایت رسید و <u>حزب توده</u> هم توانست آب را به اندازهٔ کافی گل آلود کند ، نوبت ماهی گرفتن آمریکا رسید و دلار های سازمان سیا برای تطمیع اراذل و اوباش به ایران سرازیر شد . در ۲۵ مرداد کودتایی صورت گرفت که ناکام ماند و شاه به خارج از کشور فرار کرد. درحالی که گمان می رفت خطر رفع شده است موج دوم کودتا در ۲۸ مرداد فرا رسید و درشرایطی که دیگر از هم بستگی و حضور توده های مسلمان در صحنه خبری نبود ، حکومت <u>مصدق</u> در عرض چند ساعت سرنگون شد و سرلشکر <u>زاهدی</u> به نخست وزیری رسید . دراین زمان <u>ایدن</u> ، وزیرامورخارجهٔ انگلیس ، در یادداشت های خود نوشت :" خبر سقوط دکترمصدق هنگامی به دست من رسید که به همراه همسر و فرزندم برای گذراندن ایام تعطیل درجزایر <u>یونان</u> در <u>مدیترانه</u> مشغول استراحت بودم. من آن شب به خوشحالی وصول خبر ،

-69-

خواب راحتی کردم ."

شاه بازگشت و آمریکایی ها دوباره بر ایران خیمه زدند . ازآن پس ، به مدت ۲۵ سال ایران مطمئن ترین پایگاه سیاسی و نظامی آنان درجهان محسوب می شد . منافع نفت که مدتی قطع شده بود ، دوباره به جیب کنسرسیوم کمپانی های نفتی آمریکایی و انگلیسی و سایر کشورهای غربی سرازیر گردید. <u>مصدق</u> نیز دستگیر و به سه سال زندان محکوم شد.

واژه 单词

فراهم آمدن : 准备（名，动）

چیزی را ... دانستن : 把……认为……（动）

فعالانه : 积极地（副）

مطمئن شدن : 确信（动）

به چنگ آوردن (را) : 抢夺，夺得（动）

انگلیسی : 英国人（名）

معامله کردن (با) : 交易（动）

منافع : 利益（名）

واگذار کردن (را، به) : 留给，交给（动）

سازمان جاسوسی : 情报（特务）组织（名）

ابتکار : 主动权（名）

ساقط کردن (را) : 推翻（动）

حکومت : 政权（名）

به دست گرفتن (را) : 获得（动）

سرگردانی : 困惑，不知所措（名）

اختلاف : 分歧（名）

رهبر : 领导人（名）

توطئه : 阴谋（名）

مزدور : 雇佣（名）

به راه انداختن (را) : 发动，实施（动）

به نهایت رسیدن : 到了极限（动）

حزب توده : 人民党（名）

آب را گل آلود کردن : 把水搅混（动）

نوبت ... رسیدن : 轮到……（动）

دلار : 美元（名）

تطمیع : 引诱，收买（名）

اراذل و اوباش : 社会败类，社会渣滓（名）

ناکام ماندن : 失败，未遂（动）

گمان رفتن : 认为（动）

رفع شدن : 消除（动）

فرا رسیدن : 来临（动）

هم بستگی : 团结一致（名）

درعرض ... : 在……之内（介）

سرنگون شدن : 倒台（动）

سرلشکر : 将军，将领（名）

نخست وزیری : 总理职务，首相职务（名）

وزیرامورخارجه : 外交部长（名）

سقوط : 垮台（名）

ایام : ج یوم 时间（名）

مدیترانه : 地中海（名）

وصول : 收到（名）

خیمه زدن (بر) : 驻扎（动）

پایگاه : 基地（名）

نظامی : 军事的（形）

جیب : 口袋（名）

کنسرسیوم : 国际财团（名）

کمپانی : 公司（名）

دستگیر شدن : 被捕（动）

محکوم شدن (به) : 被判刑（动）

(۲) حزب های سیاسی

政党

امروزه علاقه مندان به سیاست و کشورداری تلاش می کنند با تشکیل حزب سیاسی ادارهٔ کشور را به دست بگیرند. حزب ها با تبلیغات گوناگون ، شعارهای سیاسی و رفتارهای آزادی خواهانه می کوشند محبوبیت بیشتری به دست بیاورند تا با تکیه به رأی مردم، کاندید خود را رییس جمهور یا نمایندهٔ مجلس کنند. گاهی اوقات یک

حزب به تنهایی نمی تواند رأی مردم را به دست بیاورد، بنابراین با حزب های دیگر ائتلاف می کند تا توجه مردم را جلب کند. درانتخابات حزبی که رأی می آورد به قدرت می رسد و حکومت را در دست می گیرد؛ در این صورت حزب منتخب می تواند در انتخاب وزیر سهیم باشد . اما حزب هایی که رأی نیاورند، به جناح اقلیت یا حتی مخالف تبدیل می شوند.

واژه 单词

کشورداری : 国家管理（名）

تبلیغ : 宣传（名）

تکیه به ... : 凭，靠（名）

رأی : 选票（名）

رییس جمهور : 总统（名）

نماینده : 代表（名）

کاندید : 候选人（名）

ائتلاف کردن (با) : 联合，联盟（动）

انتخاب : 选举，选择（名）

منتخب : 被选举的（形）

سهیم بودن (در) : 参与，分担（动）

جناح اقلیت : 少数派（名）

جناح مخالف : 反对派（名）

درس هشتم

سرطان ، تقسیم غیرعادی سلول ها

癌 —— 细胞非正常分裂

رشد بدن ما بیشتر حاصل تقسیم سلولی است. دربدن ما تقسیم سلولی،
در هنگامی که نیازی به آن نباشد ، متوقف می شود. مثلاً وقتی که دراثر
تقسیم سلول ها ، زخمی که درپوست بدن ما به وجود آمده است ، ترمیم
شد؛ تقسیم سلول ها متوقف یا از سرعت تقسیم کاسته می شود. بنابراین
دربدن ما عواملی وجود دارد که تقسیم سلولی را کنترل می کنند.

گاهی دربعضی بخش های بدن عوامل کنترل کنندهٔ تقسیم سلول ها،
از کار می افتند و درنتیجه ، دراثر تقسیم بیش از حد، تعداد زیادی سلول
در یک نقطهٔ بدن جمع می شوند. این تودهٔ سلول های غیرعادی را که
دائماً درحال تقسیم هستند، تومور می نامند.

تومورها دونوع اند : تومورهای بدخیم (کشنده) و تومورهای
خوش خیم (غیرکشنده) .

سلول های تومورهای خوش خیم ، اگر به آنها فشاری وارد نشود،
سرجای خود باقی می مانند، جا به جا نمی شوند و درنتیجه معمولاً به
بافت های مجاورخود، آسیب نمی رسانند.

بعضی از سلول های تومورهای بدخیم پس ازمدتی از جای خود
کنده می شوند و همراه با گردش خون یا سایر مایعات بدن به بافت های
دیگر بدن برده می شوند. هرکدام از این سلول ها ، در محل جدید خود ،
به تقسیم ادامه می دهد و توده ای بدخیم در آن جا تولید می کند. پس از
مدتی بدن شخص دراثر ازدیاد این تومورها ، دچار اختلال می شود.

-74-

این اختلال ها ممکن است منجر به مرگ شود. درحال حاضر سرطان یکی از علت های عمدهٔ مرگ و میر است .

امروزه علت بروز بعضی سرطان ها کشف شده است . عوامل ارثی ، وجود بعضی مواد شیمیایی درغذا یا هوا ، سیگار کشیدن ، مصرف الکل و اشعهٔ ماورای بنفش از جملهٔ این عوامل هستند.

تشخیص سرطان

برای تشخیص سرطان هفت علامت وجود دارد این علامت ها عبارتند از :

۱- خونریزی های غیرطبیعی در هر نقطه از بدن .

۲- پیدایش هرگونه تودهٔ سفت سلولی درد دار یا بدون درد در زیر پوست ، مثلاً در سینه یا نقاط دیگر بدن .

۳- پیدایش زخمی که به آسانی بهبود نمی یابد (به ویژه دراطراف زبان، دهان و لب ها) .

۴- سوء هاضمهٔ دایمی .

۵- تغییراتی دروضع خال ها یا زگیل ها از قبیل تغییر رنگ ، بزرگ شدن ، خارش ، دردناک شدن و یا خونریزی از آنها که به مدت طولانی دوام یابد .

۶- پیدایش آشفتگی دراعمال روده ها یا مثانه که با درمان های عادی بهبودی نیابد.

۷- سرفه ، گرفتگی صدا و یا مشکل شدن عمل بلع به مدت طولانی .

اگر هر یک ازاین علایم بیش از دو هفته ادامه یابد، باید بی درنگ به پزشک مراجعه کرد. البته در بیشتر موارد این علایم حاکی از وجود سرطان نیستند ، ولی اگر باشند، بایستی فوراً به فکر علاج افتاد.

واژه 单词

سرطان : 癌（名）

تقسیم سلول : 细胞分裂（名）

غیرعادی : 非正常的（形）

زخم : 伤，伤口（名）

ترمیم شدن : 愈合，再生（动）

کاسته شدن (از) : 减少（动）

کنترل کردن (را) : 控制（动）

تومور : 肿瘤（名）

دایماً : 总是（副）

بدخیم : 恶性的（形）

خوش خیم : 良性的（形）

جابه جا شدن : 转移（动）

بافت : 组织（名）

مجاور : 邻近（周围）的（形）

آسیب رساندن (به) : 伤害（动）

از جای خود کنده شدن : 移动（动）

تولید کردن : 生产（动）

شخص : 个人（名）

ازدیاد : 增加（名）

اختلال : 紊乱（名）

منجر به ... شدن : 导致……（动）

目前（副）：در حال حاضر

死亡（名）：مرگ و میر

出现（名）：بروز

遗传因素（名）：عوامل ارثی

化学的（形）：شیمیایی

吸烟（动）：سیگار کشیدن

酒精（名）：الکل

紫外线（名）：اشعهٔ ماورای بنفش

区分，分辨（名）：تشخیص

症状，标记（名）：علامت

出血，流血（名）：خونریزی

硬的（形）：سفت

舌头（名）：زبان

消化不良（名）：سوء هاضمه

经常的（形）：دایمی

痣（名）：خال

疣，湿疣（名）：زگیل

搔痒（名）：خارش

持续（动）：دوام یافتن

紊乱（名）：آشفتگی

肠子（名）：روده

膀胱（名）：مثانه

咳嗽（名）：سرفه

-77-

گرفتگی صدا : 声音嘶哑（名）

بلع : 吞咽（名）

بی درنگ : 毫不犹豫地（副）

مراجعه کردن (به) : 咨询（动 ）

حاکی از...بودن : 说明，表明（动）

بایستی : 必须（动）

علاج : 治疗（名）

پرسش :

۱- امروزه نسبت به هشتاد سال پیش ، عدهٔ بیشتری به سرطان مبتلا می شوند . به نظر شما چرا چنین است ؟

۲- امروزه در بعضی از کشورها ، مردم مرتب برای اطمینان از سلامتی خود ، آزمایش سرطان انجام می دهند.

الف) - این کار چه مزیتی دارد ؟

ب) - آیا می توان با این کار از ابتلا به سرطان جلوگیری کرد ؟

۳- تومورهای بدخیم چه ویژگی هایی دارند ؟

翻译练习

1. 机动车经过人行横道时，要减速，让行人通过。
2. 要减肥，除了运动和减少饭量，没有别的更好的办法。
3. 有关部门在城市的主要街道安装了摄像装置，以控制超速和交通事故的发生。
4. 传染病一旦发现，要迅速加以控制，防止蔓延。

5. 这台复印机太老了，已经不能正常运转了。(ازکار افتادن)

6. 这些残疾人不能工作了，政府要安置他们的生活。

7. 不要伤害这些弱小的动物。

8. 小陈生病住院了，由于没有能力支付昂贵的医疗费，生活陷入了困境。

9. 汽车制造业的飞速发展，导致城市环境的严重污染。(منجر شدن)

10. 一些事故频繁发生，说明有些领导责任心不强，只重视经济利益，不重视安全生产。

(۱) سرما خوردگی

感冒

همۀ ما سالی یک یا چند بار به سرما خوردگی مبتلا می شویم .
آبریزش از بینی و گرفتگی آن ، سوزش گلو ، تب خفیف و گاهی اسهال خفیف از علایم این بیماری هستند. راه انتقال سرما خوردگی تنفس هوای آلوده به ویروس و نیز مالیدن دست آلوده به ویروس ، به چشم ها ، یا بینی است. بنابراین برای پیشگیری از این بیماری لازم است :

۱- هنگام سرما خوردگی ، حداقل هنگام سرفه یا عطسه کردن ، یک دستمال جلو دهان و بینی خود قرار دهیم تا از انتقال آن به دیگران جلوگیری کنیم .

۲- دست های خود را قبل از مالیدن به چشم ، یا بینی و غذاخوردن ، با آب و صابون خوب بشوییم .

۳- از حوله و وسایل شخصی دیگران استفاده نکنیم .

سرما خوردگی شایع ترین ، اما از کم خطرترین بیماری های

ویروسی است. بیمار معمولاً ۳ تا ۷ روز پس از شروع ، دراثر دفاع بدن ، بهبود می یابد ، اما درموارد زیر مراجعه به پزشک و درمان جدی آن لازم است :

- تب شدید
- بدترشدن حال بیمار ۲ یا ۳ روز پس از آغاز بیماری
- ادامهٔ سرفه تا ۱۰ روز پس ازآغاز بیماری
- گلو درد شدید ، قرمز و چرکی شدن لوزه ها
- گوش درد

单词 واژه

آبریزش : 流水（名）

سوزش گلو : 咽喉刺痛（名）

تب خفیف : 低烧（名）

اسهال : 腹泻（名）

تنفس : 呼吸（名）

ویروس : 病毒（名）

مالیدن : (مال) 接触（动）

حداقل : 至少（副）

عطسه کردن : 打喷嚏（动）

دستمال : 手帕（名）

صابون : 肥皂（名）

حوله : 毛巾（名）

شایع : 流行的（形）

کم خطر : 危险性小的（形）

لوزه : 扁桃腺（名）

چرکی شدن 化脓（动）

(۲) ده توصیه برای سلامتی

十点健康提示

۱- سیگار نکشید.

۲- ورزش و فعالیت های جسمانی رمز سلامت است .

۳- مراقب وزن خود باشید. اگر چاق هستید و اضافه وزن دارید با ورزش و برنامهٔ غذایی مناسب آن را کاهش دهید.

٤- از مصرف نمک و چربی ها بکاهید.

۵- ازمصرف غذاهای سرخ کرده بکاهید وبه جای آن از غذاهای آب پز یا بخارپز استفاده کنید.

۶- به جای روغن جامد از روغن مایع استفاده کنید.

۷- مصرف میوه ها و سبزیجات را افزایش دهید.

۸- از لبنیات کم چربی استفاده کنید.

۹- فشارخونتان را مرتب بررسی کنید.

۱۰- مصرف قند و شکر خود را کاهش دهید.

واژه 单词

جسمانی：身体的，体力的（形）

سلامت：健康（名）

اضافه وزن داشتن：超重（动）

چربی：脂肪（名）

کاستن (از): (کاه) 减少（动）

آب پز：水煮的（形）

بخارپز：蒸煮的（形）

جامد：固体的（形）

لبنیات：乳制品（名）

کم چربی：低脂的（形）

فشارخون：血压（名）

مرتب：不间断的，经常性的（形）

بررسی کردن (را)：检查，观察（动）

درس نهم

کاغذ و چاپ
造纸与印刷

ما امروز چنان به نوشتن روی کاغذ عادت داریم و این جنس آن قدر آسان به دست می آید که می پنداریم همیشه چنین بوده است . اما چند هزارسال پیش ، هنگامی که مردمان نخستین بار نشانه هایی برای نوشتن به کار بردند ، یافتن چیزی که بتوان روی آن نوشت بسیار دشوار بود .

<u>سومریان</u> خشت های کوچکی می ساختند و برای نوشتن با میخ های چوبی یا فلزی بر روی آنها فشار می آوردند تا فرو رفتگی حاصل شود، آن گاه این خشت ها را در آفتاب می خشکاندند. با این روش ، دیگر حاجتی به مرکب نبود. از این گونه کتاب های گلی هزارها نمونه در سال های اخیر به دست آمده است که دانشمندان بسیاری از آنها را خوانده و به زبان امروزی خود ترجمه کرده اند.

<u>بابلیان و آشوریان</u> هم که جانشین سومریان شدند ، همین شیوه را برای نوشتن به کار می بردند. خطی که برای نوشتن این زبان ها معمول بود به خط میخی معروف است.

ایرانیان از پوست حیوانات نیز استفاده می کردند و روی آنها با مرکب و قلم می نوشتند. اما، چون پوست پس از گذشت زمان می پوسد و از بین می رود، نمونهٔ این نوشته ها بر جای نمانده است.

درکنار <u>رود نیل</u> نوعی " نی " می روید که پوست آن را ، چون

-83-

بکنند و بگسترند ، مانند ورق کاغذ می شود. این پوست نی را " پاپیروس" می گویند. مصریان قدیم قطعه های پاپیروس را به هم می چسباندند و ورق درازی از آن درست می کردند که " طومار" نام داشت. آنان نامه ها ، پیام ها و مطالب خود را روی این طومارها می نوشتند.

نخستین کسانی که به ساختن کاغذ پرداختند چینیان بودند. چینیان از روزگار باستان ساقهٔ گیاهان را آرد می کردند ازآن خمیری می ساختند و آن را به صورت ورقهٔ نازکی درمی آوردند و در آفتاب خشک می کردند. ورقه های سفیدی که به این طریق به دست می آمد برای نوشتن به کار می رفت.

ایرانیان کاغذ سازی را در قرن های نخستین اسلامی از چینیان آموختند و به اروپاییان یاد دادند. اروپاییان بعدها شیوهٔ ساختن کاغذ را تکمیل کردند ، چنان که سه قرن پیش از این ، کاغذ فرنگی از هرجهت بر کاغذهای چین و کاغذهای ایران رجحان یافت و کم کم ساختن کاغذ درایران و کشورهای اسلامی منسوخ شد. مرکب را هم چینیان اختراع کردند. مرکب سیاه را ازآمیختن دوده با بعضی مواد صمغی می ساختند. این گونه مرکب هم اکنون نیز درایران ساخته می شود وخوش نویسان آن را به کار می برند.

اما ، با آن که کاغذ و مرکب کار تهیهٔ کتاب را بسیار آسان کرده بود و این وسایل نسبت به گل و پوست و نی و چرم برتری بسیار داشت ، باز مشکل بزرگی در پیش بود ، زیرا هر نسخه از کتاب را ، از آغاز تا انجام می بایست یک تن با دست بنویسد و به این طریق فراهم آوردن

کتاب کاری دشوار بود و به زمانی طولانی نیاز داشت . حل این مشکل را نیز چینیان به عهده گرفتند. آنان مطالب کتاب را برجسته روی صفحهٔ چوبی نقش می کردند و سپس این صفحه را به مرکب آغشته می کردند و مهروار روی کاغذ می زدند و به این طریق می توانستند از یک نوشته چندین نسخه به دست بیاورند. اما با این روش برای هرصفحه از کتاب تهیهٔ یک قالب خاص لازم بود. بعدها به قصد آسان کردن کار، برای هر کلمه مهری ساختند. مهرها را پهلوی هم می چیدند و جمله های متعدد و مختلف از آنها درست می کردند و سپس روی آنها مرکب می مالیدند و روی کاغذ می زدند. بعدها اروپاییان همین روش را پیش گرفتند و تکمیل کردند. نخستین کسی که در <u>اروپا</u> صنعت چاپ را رواج داد <u>گوتنبرگ</u> (古滕伯格) نام داشت که درقرن پانزدهم میلادی می زیست.

بعداز <u>گوتنبرگ</u> ، چاپ دستی ، صرف نظر از اصلاحات جزیی ، مدت ها رواج داشت ، اما دراوایل قرن نوزدهم ، تحولات اساسی در صنعت چاپ روی داد که از هزینهٔ چاپ کاست و برسرعت آن افزود. بعدها در ماشین چاپ از نیروی بخار استفاده و دستگاهی اختراع کردند که خود عمل حروف چینی را انجام می داد. با نوع پیشرفتهٔ ماشین های چاپ ، که امروزه از آنها استفاده می شود ، می توان در هرساعت شصت هزار نسخه روزنامه چاپ کرد. همین ماشین سپس نسخه های روزنامه را می برد ، تا می زند و می شمارد.

واژه 单词

عادت داشتن (به) : 习惯（动）

جنس ：物品（名）

پنداشتن : (پندار) 想像（动）

به کار بردن (را) : 使用（动）

میخ ：钉，楔（名）

فلزی ：金属的（形）

فرو رفتگی : 凹陷（名）

آفتاب ：太阳（名）

خشکاندن (را) : (خشکان) 晒干，弄干（动）

حاجت بودن (به) : 需要（动）

مرکب ：油墨（名）

در سال های اخیر : 近几年来（介）

معمول ：流行的（形）

خط میخی : 楔形文字（名）

پوسیدن : (پوس) 腐烂（动）

برجای ماندن : (مان) 留下（动）

نی ：芦苇（名）

کندن (را) : (کن) 剥，削（动）

پاپیروس : 纸莎草（一种水草）（名）

مصر ：埃及（名）

-86-

贴，粘（动） چسباندن (را) : (چسبان)

纸卷，卷轴（名）: طومار

主题，内容（名） مطالب : ج مطلب

茎，秆（名）: ساقه

碾碎（碾成粉末）（动）: آرد کردن (را)

糊状物（名）: خمیر

造纸（名）: کاغذ سازی

西洋的，欧洲的（形）: فرنگی

优于……（动）: رجحان داشتن (بر)

废除（动）: منسوخ شدن

烟灰（名）: دوده

树胶（名）: صمغ

书法家（名）: خوش نویس

皮（名）: چرم

有优越，有优势（动）: برتری داشتن (نسبت به)

制作（动）: فراهم آوردن (را)

凸起的，隆起的（形）: برجسته

浸湿（动）: آغشته کردن (را)

像印章似地（副）: مهروار

为了……（介）: به قصد ...

印章（名）: مهر

采用，采取（动）: پیش گرفتن (را)

-87-

رواج دادن (را) : 推广，流行（动）

اصلاح : 改革，革新（名）

تحولات : ج تحول 变化，变革（名）

روی دادن : 发生（动）

هزینه : 费用（名）

حروف چینی : 排字（名）

تا زدن (را) : 折叠（动）

شمردن (را) : (شمار) 数，点数（动）

رود نیل : 尼罗河（名）

پاپیروس : 纸莎草（名）

گیاهی آبزی به بلندی ۲ تا ۴ متر، دارای ساقهٔ بی برگ که از ساقهٔ آن برای تهیهٔ طناب ، پارچه و نوعی کاغذ استفاده می شود.

سومر: 苏美尔（名）

کشوری باستانی درجنوب بین النهرین و مجاور خلیج فارس، تمدن سومر در سه هزارسال قبل ازمیلاد تشکیل گردید و پس از هزارسال ضمیمهٔ آشور و بابل شد.

بابل : 巴比伦（名）

شهری قدیم دربین النهرین که خرابه های آن درساحل فرات واقع است ، بابل یکی ازشهرهای مهم شرق زمین بوده است.

آشور: 亚述（名）

سرزمینی باستانی بین دو رود دجله و فرات ، آشوریان ابتدا تابع بابل بودند ، اما بعدها دولتی مستقل تشکیل دادند.

پرسش :

۱- چرا در قدیم نوشتن کتاب کار دشواری بود ؟

۲- خط میخی چگونه خطی است ؟

۳- پاپیروس و طومار چیست ؟

۴- چینیان مرکب را چگونه می ساختند ؟

۵- درقدیم چه مشکلی در کارتهیهٔ کتاب وجود داشت ؟

۶- چینیان چگونه این مشکل را حل کردند ؟

 翻译练习

1. 中国是世界上最早发明造纸术的国家。

2. 造纸术通过中亚传到了欧洲。

3. 新的文字取代了楔形文字。

4. 印刷业发生了根本的变化，印刷费用减少，速度加快了。

5. 许多国家相继采用了中国人发明的印刷术。(پیش گرفتن)

6. 新政府成立后，立即废除了一切不平等的条约。

7. 我主动承担了比赛失利的责任。

8. 他具有一定的语言天赋，所以外语成绩要优于其他科目。(رجحان)

9. 这首歌在青年中非常流行。

10. 除了刻苦和努力，他在其他方面并不占优势。

(۱) فن چاپ
印刷术

یکی از اختراعات مهمی که نقش بسیار زیادی در سرنوشت بشر داشته " فن چاپ" است . به طوری که دراروپا این صنعت و گسترش آن سهم عمده ای در پایان دادن به قرون وسطا و آغاز و گسترش رنسانس داشت.

قدمت چاپ با حروف و نقوش و تصاویر در چین و ژاپن به قرن هشتم میلادی و حتی پیش از آن می رسد. چینی ها پول های کاغذی یا اسکناس های خود را به همین شیوه چاپ می کردند. درایران و مصر نیز دراواخر قرن سیزدهم میلادی چاپ وجود داشت ولی از آن جا که مسلمانان خوش نویسی را برچاپ ترجیح می دادند ، نسبت به تکامل و ترقی این صنعت علاقه نشان ندادند .

دراروپا ، صنعت چاپ ابتدا در هلند رشد و توسعه یافت . گوتنبرگ (古滕伯格) که صنعت چاپ را به ترقی و تکامل رساند و عنوان مخترع فن چاپ را به خود گرفت ، در یکی از شهرهای هلند متولد شد . او سال های متمادی از زندگی خویش را درچاپخانه ها گذراند و خود نیز چند بار اقدام به تأسیس چاپخانه کرد که یکی دو بار نیز به علت مشکلات مالی ورشکست شد ولی با بحران ها مبارزه کرد و سرانجام موفق شد این صنعت را به تکامل برساند. او درسال ۱۴۵۶میلادی اولین کتاب چاپی خود را که به نسخهٔ **کتاب مقدس گوتنبرگ** معروف است ، چاپ نمود و پس از آن فن چاپ در سراسر اروپای غربی گسترش یافت. از نتایج مهم چاپ رفع محدودیت تعلیم و تربیت ، ارزانی کتاب ، برطرف شدن اشتباهات نسخه برداران و مهم

تر از همه افزایش کتاب و کتاب خوانی بود .

مهم ترین عاملی که به گسترش ، ترقی و تکامل فن چاپ کمک نمود فراوانی روزافزون کاغذ بود. پس از قرن دهم میلادی دراروپا کارخانهٔ کاغذ سازی دایر شد .

واژه 单词

فن : 技术（名）

نقش : 作用，角色（名）

بشر : 人类（名）

قرون وسطا : 中世纪（名）

رنسانس : 文艺复兴（名）

قدمت : （悠久的）历史（名）

اسکناس : 纸币（名）

ترجیح دادن (را ، بر) : （动）宁愿……而不愿……

تکامل : 完善（名）

هلند : 荷兰（名）

رشد : 发展（名）

مخترع : 发明家（名）

به خود گرفتن : 形成，获得（动）

متمادی : 长久的，持续的（形）

اقدام به ... کردن : 实施（动）

چاپخانه : 印刷厂（名）

مالی : 财政的（形）

ورشکست شدن : 破产（动）

برطرف شدن : 消除（动）

نسخه بردار : 抄写人（名）

روزافزون : 日益增长的（形）

(۲) دربارهٔ چین باستان

关于古代中国

زندگی اجتماعی

بیشتر مردم چین را کشاورزان تشکیل می دادند که در روستاها ساکن بودند . اصلی ترین محصول آنان برنج بود. چینی ها زندگی بسیار ساده ای داشتند . درخانوادهٔ چینی ، پدر حرمت و اقتدار زیادی داشت و با قدرت تمام بر زن و فرزندان فرمان می راند . داشتن فرزند پسر برای خانواده ها اهمیت زیادی داشت ؛ زیرا پسران بهتر می توانستند در مزارع کار کنند . دهقان ها باید به سران حکومت ها مالیات می پرداختند و درصورت لزوم ، کار مجانی انجام می دادند.

آموزش

خط چینی هم چون خط های هیروگلیف ، میخی و ... از خط های باستانی است ولی برخلاف آن ها ، طی قرون مورد استفاده قرار گرفته است و هنوز هم رواج دارد . درچین باستان ، فرزندان دهقانان از آموزش محروم بودند و تنها فرزندان اشراف به مدارس فرستاده می شدند تا برای انجام کارهای حکومتی آماده شوند. در پایان تحصیل از آنان امتحانات جدی و سختی به عمل می آمد که تنها در صورت

قبولی ، مورد پذیرش قرار می گرفتند. برخی نیز برای فرزندان خود معلم خصوصی می گرفتند.

علوم و فنون

چینی ها از نخستین مردمانی هستند که به خوبی با سفالگری و فلزکاری آشنا بودند. بعدها نیز که حکومت های بزرگ پدید آمد ، شهرهای بزرگ پراز دانشمندان و صنعتگرانی شد که در رشته های گوناگون تخصص داشتند. اختراع کاغذ و فن چاپ ، قطب نما و باروت از افتخارات مردم چین است . ظروف چینی درعصر خود کم نظیر بود و نیز فن نساجی پیشرفت زیادی کرده بود .

单词 واژه

کشاورز : 农民（名）

برنج : 大米（名）

ساده : 简朴的，简单的（形）

حرمت : 尊严（名）

اقتدار : 权力，威力（名）

فرمان راندن (بر) : (ران) 控制，统治（动）

مالیات پرداختن (به) : 缴税（动）

لزوم : 必要的（形）

خط هیروگلیف : 象形文字（名）

آموزش : 学习（名）

محروم بودن (از) : 被剥夺（动）

اشراف：贵族（名）

پذیرش：接受，招收（名）

سفالگری：制陶业（名）

فلزکاری：金属制造业（名）

تخصص：专业，专长（名）

قطب نما：指南针（名）

باروت：火药（名）

ظرف چینی：瓷器（名）

کم نظیر：罕见的（形）

فن نساجی：纺织技术（名）

درس دهم

مادام کوری ، نامدار ترین بانوی جهان علم
居里夫人 —— 世界著名女科学家

روزی یکی از استادان بزرگ ریاضیات سخنرانی داشت . دختری جوان ، که درجلسه حاضر بود، دفترچۀ یادداشت و قلمش را بیرون آورد و خود را برای شنیدن سخنرانی آماده کرد. استاد ، که سخنران زبردستی بود ، ضمن بیاناتش گفت :" من از دل ذره آفتاب بیرون می آورم . "

از شنیدن این سخن لبخند مسرت برلبان دختر جوان نقش بست و چشمانش از شادی برق زد. هنگام باز گشت ، باخود چنین اندیشید :علم قدرتی دارد که حتی تصور آن برای ما لذت آفرین است . برای کسی که عزمی استوارداشته باشد راه تحقیق باز است . مگر نگفته اند که جهان همچون کتابی بزرگ است و درهر سطری رازی نهفته دارد. مردم نادان کلمات این کتاب بزرگ را می بینند و به حیرت فرو می روند ، ولی دانشمندان از معنی این کلمات آگاهند، آن را می خوانند و پرده از راز طبیعت به یک سو می زنند.

دختر جوان ماری نام داشت و از مردم لهستان بود. ماری در شهر ورشو، پایتخت لهستان ، درخانواده ای تنگدست اما خوشبخت ، زاده شد و درهمان شهر تحصیلات دبیرستان خود را به پایان رسانید سپس با زندگی فقیرانه ای در دانشگاه پاریس به تحصیل ادامه داد. وی دراتاق محقری زندگی می کرد. چون برق گران بود، شب ها به نزدیک ترین

-95-

کتابخانه می رفت و تا دیرگاه ، در روشنایی و گرمای کتابخانه مطالعه می کرد.

چهارمین سال اقامت و تحصیل را در پاریس می گذرانید که با دانشمند جوانی به نام پی یرکوری آشنا شد. این آشنایی به علاقه ای وافر انجامید و این دو جوان را که شیفتهٔ کسب علم بودند، به هم پیوند داد.

پی یرکوری مردی بود بلند قامت، چهره ای جذاب داشت و چشمانش از فروغ صفا و آرامش باطن بهره ور بود. سال ۱۸۹۰ بود که دو دانشمند باهم پیوند زناشویی بستند و ماری از آن پس مادام کوری نامیده شد.

دراین هنگام ماری می بایست برای دریافت گواهی نامهٔ پایان تحصیلات خود دربارهٔ موضوعی تحقیق می کرد. او به راهنمایی همسرش ، عناصری را که بعدها به مواد رادیواکتیو مشهور شد برای تحقیق برگزید.

ماری تحقیق خود را با آزمایش دربارهٔ یگانه عنصر رادیواکتیو شناخته شده تا آن زمان آغاز کرد. وی هنگام کار متوجه شد که پرتو افشانی درسنگ معدنی اورانیوم از خود اورانیوم بیشتر است . ازاین رو حدس زد که باید درسنگ معدنی اورانیوم عنصر ناشناخته ای وجود داشته باشد که پرتو افشانی را شدت می بخشد.

حدس ماری به حقیقت پیوست وی عنصر ناشناخته را کشف کرد و اسم آن را " رادیوم " گذاشت. وقتی خبر کشف رادیوم انتشار یافت ، نام ماری و همسرش درمحافل علمی کشور های مختلف برسرزبان ها افتاد. به زودی معلوم شد که می توان از رادیوم در صنعت و پزشکی

بهرهٔ فراوان برد. گروهی از مهندسان آمریکایی به زوج دانشمند نامه نوشتند و از آن دو خواستند تا دربرابر مبلغ بسیار زیادی روش به دست آوردن رادیوم را در اختیار آنان بگذارند. اما ماری و همسرش از اندیشهٔ سود جویی چشم پوشیدند و روش به دست آوردن رادیوم را برای همگان منتشر کردند.

درسال ۱۹۰۳ فرهنگستان علوم سوئد به پی یر و ماری جایزهٔ نوبل اعطا کرد . اندکی بعد ، پی یر به استادی دانشگاه پاریس برگزیده شد. ماری نیز ریاست آزمایشگاه فیزیک را درآن دانشگاه به عهده گرفت. دیگر زندگی چهرهٔ خندان خود را به آن دو نشان داده بود. به خصوص که دو دختر خردسالشان کانون خانوادگی آنان را گرم تر و روشن تر کرده بودند . اما این بهروزی دیری نپایید : دانشمند بزرگ درتصادفی کشته شد و ماری به سوگ همسرش نشست. گرچه برای ماری بسیار ناگوار بود ، اما به پیشنهاد اولیای دانشگاه ، در جای همسرش به تدریس پرداخت. تا آن زمان به هیچ زنی چنین مقامی داده نشده بود.

ماری هنگام تدریس دردانشگاه ، تحقیقات خود را دربارهٔ رادیوم تکمیل کرد و درسال ۱۹۱۱ دومین جایزهٔ نوبل از طرف فرهنگستان علوم سوئد به وی اعطا شد.

مادام کوری درسال ۱۹۳۴ درپاریس دیده از جهان فرو بست. مرگ وی پزشکان را به اندیشه فرو برد. چه مرضی او را از پای در آورده بود ؟ ماری سالیان دراز با رادیوم کار کرده و درمعرض پرتوهای آن قرار گرفته بود. آیا رادیوم اندک اندک او را از پای درنیاورده بود؟ پزشکان نظر دادند که قاتل نامریی ، رادیوم بوده است .

زندگی این بانوی نامدارکه دوبار جایزهٔ نوبل گرفت ، سرشار از امید و کوشش بود. او آغاز جوانی را با رنجی طاقت فرسا گذراند و درسایهٔ کوشش و تلاش به بزرگ ترین مقام علمی جهان نایل شد. هیچ گاه شهرت و افتخار او را نفریفت و با وجود مقام بلند علمی ، در خانه زنی کد بانو و مادری مهربان بود.

单词 واژه

نامدار : 著名的（形）

سخنران : 演讲人（名）

مسرت : 愉快（名）

نقش بستن : 形成（动）

شادی : 兴奋（名）

لذت آفرین : 产生乐趣的（形）

عزم : 决心（名）

سطر : 行（字里行间）（名）

معنی : 意思（名）

لهستان : 波兰 （名）

ورشو : 华沙 （名）

زاده شدن : 出生（动）

پاریس : 巴黎（名）

محقر : 简陋的（形）

دیرگاه : 晚，很晚（名）

وافر : 丰富的（形）

انجامیدن :(انجام)（动）产生结果，结束

پیوند دادن : 结合（动）

بلند قامت : 高个子的（形）

فروغ : 光芒（名）

صفا : 祥和，清澈（名）

باطن : 内心的（形）

بهره ور بودن (از) : 具有（动）

زناشویی : 婚姻（名）

گواهی نامه : 证书（名）

عناصر : ج عنصر 元素（名）

مواد رادیواکتیو : 放射性物质（名）

یگانه : 惟一的（形）

اورانیوم : 铀（名）(Uranium)

پرتو افشانی : 放射线（名）

حدس زدن : 猜测（动）

به حقیقت پیوستن : (پیوند)（动）证实

رادیوم : 镭（名）(Radium)

محافل علمی : 科学界（名）

زوج : 一对（夫妇）（名）

مبلغ : 款额，钱数（名）

چیزی را در اختیار ...... گذاشتن : 把……提供给……（动）

سودجویی : 追求名利（名）

چشم پوشیدن (از) : 放弃（动）

فرهنگستان علوم : 科学院（名）

سوئد : 瑞典（名）

آزمایشگاه : 实验室（名）

جایزهٔ نوبل : 诺贝尔奖（名）

اعطا کردن (به) : 颁发（动）

خردسال : 年幼的（形）

بهروزی : 美好日子（名）

دیری نپایید : 没过多久（短语）

سوگ : 丧事（名）

به سوگ کسی نشستن : 吊唁或哀悼某人（动）

اولیا :ج ولی 官员，负责人（名）

مقام : 地位（名）

دیده از جهان فرو بستن : 去世（动）

سالیان دراز : 长年累月（名）

درمعرض ...قرار گفتن : 处于……中，遭受到……（动）

قاتل : 杀手，凶手（名）

نامریی : 无形的（形）

طاقت فرسا : 难以忍受的（形）

درسایهٔ ... : 由于……（介）

فریفتن (را) : (فریب) (动) 迷惑，诱惑

کدبانو: (名) 家庭主妇

نایل آمدن (به) : (动) 获得，达到

نوبل (名) : 诺贝尔

دانشمند بشردوست سوئدی که تمام ثروت خود را وقف پرداخت جایزهٔ سالیانه به کسانی کرد که درزمینهٔ ادبیات ، علوم و تأمین صلح جهان خدمت مهمی انجام داده باشند.

پرسش :

۱ـ استاد ریاضیات چه جمله ای درسخنرانی خود گفت که مادام کوری را تحت تأثیر قرارداد ؟

۲ـ در بند دوم درس چه تشبیهی به کار رفته است ؟

۳ـ مادام کوری چه موضوعی برای تحقیق برگزید ؟

۴ـ مادام کوری و همسرش دربرابر پیشنهاد مهندسان آمریکایی چه عکس العملی نشان دادند ؟

۵ـ مرگ مادام کوری چه علتی داشت ؟

۶ـ چه ویژگی از شخصیت مادام کوری بیشتر برشما تأثیر نهاده است؟ راجع به آن توضیح دهید.

 翻译练习

1. 听到老师的表扬，学生们的脸上露出了微笑。

2. 她出生在一个贫困但又非常幸福的家庭。

-101-

3. 玛丽选择放射性元素作为自己的研究课题。

4. 两个志同道合的青年科学家终于喜结良缘。

5. 居里夫人发现了一种未知的元素，并将其命名为镭。

6. 计算机在当今社会的各个领域受到广泛的应用。

7. 面对金钱的诱惑，他们毫不动心。(چشم پوشیدن)

8. 由于勤奋和努力，她终于获得了成功，瑞典科学院授予她诺贝尔奖。

9. 学生们完成了毕业论文，获得了学位证书。

10. 我们的猜测得到了证实，他真的如期回国了。

11. 这篇报导引发了人们对航天科技的极大兴趣。

12. 按照工程的进度，这幢大楼现在应该建成并投入使用了。

(می باید... می کردن)

(۱) بمب اتمی چگونه ساخته و به کار گرفته شد؟

原子弹如何制造与使用？

درسال ۱۹۳۸ دوتن ازدانشمندان بزرگ فیزیک درآلمان به نام های "اتوهاهن Otto hahn" و " فریتس اشترازمن Fritz strassmann " دریافتند که می توان از ماده ای به نام اورانیوم بمب اتمی ساخت . اینشتین (爱因斯坦) که همکار آن ها بود از آلمان به آمریکا رفت و به روزولت（罗斯福）رئیس جمهور آمریکا اطلاع داد که به زودی آلمان صاحب بمب اتمی خواهد شد . به دنبال این ماجرا، به دستور رئیس جمهور آمریکا دانشمندی به نام "اوپن هایمر Oppen heimer " که قبلاً در دانشگاه های آلمان تحصیل کرده بود و با فیزیکدانان

فوق الذکر ونظریاتشان آشنایی کامل داشت ، درقالب یک طرح سری به نام " مانهاتان" ، شروع به کار کرد تا آن که توانست اولین بمب اتمی را درژوئیهٔ ۱۹۴۵ در نزدیک نیومکزیکو（新墨西哥洲） آزمایش کند .

اوپن هایمر دو بمب اتمی دیگر نیز ساخت که ارتش آمریکا آن ها را روی شهر های هیروشیما（广岛） و ناگازاکی（长崎） انداخت و این دو شهر را به کلی ویران کرد. لازم به یادآوری است که آمریکایی ها درسال ۱۹۴۲ پایگاه های تحقیقاتی اتمی آلمان را بمباران کرده بودند.

单词 واژه

بمب اتمی : 原子弹（名）

به کار گرفته شدن : 被使用（动）

همکار : 同事（名）

صاحب ...شدن : 拥有……（动）

اطلاع دادن (به) : 告诉，通知（动）

ماجرا : 事件（名）

فیزیک دان : 物理学家（名）

فوق الذکر : 上述的（形）

طرح سری : 秘密计划（名）

ارتش : 军队（名）

ویران کردن (را) : 摧毁（动）

بمباران کردن (را) : 轰炸（动）

(۲) آژانس بین المللی انرژی اتمی

国际原子能机构

آژانس بین المللی انرژی اتمی (IAEA) درسال ۱۹۵۷ فعالیت خود را آغاز کرد. آژانس هر چند در زمرهٔ نهادهای تخصصی وابسته به سازمان ملل متحد نمی باشد و یک سازمان بین المللی مستقل است ، اما تحت هدایت عالیهٔ سازمان ملل متحد قرار دارد و درچهارچوب نظام ملل متحد فعالیت می کند .

هدف عمدهٔ آژانس ، ترویج و توسعهٔ کار بردهای انرژی اتمی در برقراری صلح ، بهداشت و رفاه در سراسر جهان ، ازطریق وضع استانداردهای ایمنی هسته ای و کنترل آنها ، ارائهٔ خدمات فن آوری هسته ای و مبادلهٔ اطلاعات علمی و فنی درزمینهٔ انرژی هسته ای است.

آژانس به کشورهایی که قصد تأسیس نیروگاه های هسته ای برای استفاده های صلح جویانه دارند ، اطلاعات و کمک های مشورتی لازم را ارائه می کند . آژانس هم چنین بر کارخانه هایی که سوخت آنها انرژی اتمی است ، نظارت دارد .

آژانس بین المللی انرژی اتمی ، تنها سازمان تخصصی بین المللی است که مستقیماً به مجمع عمومی و درمواردی به شورای امنیت و شورای اقتصادی و اجتماعی سازمان ملل متحد گزارش می دهد .

امروزه تعداد کشورهای عضو آژانس بالغ بر ۱۴۰ کشور و مقر آن در شهر وین اتریش است .

واژه 单词

آژانس بین المللی انرژی اتمی : 国际原子能机构（名）

درزمرهٔ ... : 在……之列（介）

نهاد تخصصی : 专门机构（名）

وابسته بودن (به) : 从属（动）

مستقل : 独立的（形）

تحت... : 在……下（介）

عالیه : 高层的（形）

در چهارچوب ... : 在……框架内（介）

نظام : 体制（名）

کاربرد : 应用（名）

برقراری : 建立（名）

بهداشت : 健康，卫生（名）

رفاه : 繁荣，富裕（名）

وضع (کردن) : 制定（名）

استاندارد ایمنی : 安全标准（名）

ارائه کردن (را) : 出示，展示（动）

فن آوری : 技术（名）

مبادله : 交流（名）

نیروگاه هسته ای : 核电站（名）

صلح جویانه : 和平的（形）

مشورتی : 协商性的，咨询的（形）

نظارت داشتن (بر) : 监督（动）

مستقیماً : 直接地（副）

گزارش دادن (به) : 报告（动）

بالغ بر ... بودن : 达到（动）

مقر : 所在地，总部（名）

وین : 维也纳（名）

اتریش : 奥地利（名）

درس یازدهم

ضرب ا لمثل

谚语

" قطره قطره جمع گردد وانگهی دریا شود . " این یک ضرب المثل است. مثل ، چنان که می دانیم ، بیت یا مصراع ویا جمله ای است که مورد قبول و پسند عموم مردم قرار گرفته است و اشخاص در موارد معین ، بنابه ذوق و درک خود یکی از آنها را به عنوان مثال بکار می برند تا مطلبی را اثبات کنند یا پندی دهند ، و چون ذهن شنونده یا خواننده با این جمله ها و عبارات آشنا ست ، مقصود گوینده را به سرعت درک می کند. چنان که اگر کسی بخواهد تأثیر همنشینی را ثابت کند و یا دوستان و نزدیکان خویش را به همنشینی و صحبت با نیکان تشویق و ترغیب نماید و از معاشرت با افراد ناصالح برحذر دارد، این بیت ها را می خواند :

پسر نوح با بدان بنشست　　　خاندان نبوتش گم شد

سگ اصحاب کهف روزی چند　　　پی نیکان گرفت و مردم شد

نظیر این مثل ها فراوان است . برخی از آنها از آثار شاعران بزرگ اقتباس شده است. مثلاً :

در کار خیر، حاجت هیچ استخاره نیست.　　　(حافظ)

این دغل دوستان که می بینی　　　مگسانند گرد شیرینی

(سعدی)

چو می بینی که نابینا و چاه است   اگر خاموش بنشینی ، گناه است
(سعدی)

تو نیکی می کن و در دجله انداز   که ایزد در بیابانت دهد باز
(سعدی)

در نومیدی بسی امید است   پایان شب سیه سپید است
(نظامی)

ونیز جمله های زیرین :

آن را که حساب پاک است از محاسبه چه باک است ؟

ادب از که آموختی ؟ از بی ادبان .   (سعدی)

(لقمان را گفتند : ادب از که آموختی ؟ گفت : از بی ادبان ؛ هرچه از
ایشان در نظرم ناپسند آمدی ، از فعل آن احتراز کردمی !)

گویندهٔ بعضی از مثل ها معلوم نیست. از این قبیل مثل ها که درمیان
مردم شایع است فراوان یافت می شود، مانند :

یا مرغ باش بپر ، یا شتر باش ببر .

آشپز که دو تا شد ، آش یا شور می شود یا بی نمک .

سرکهٔ نقد به از حلوای نسیه .

داشتم داشتم حساب نیست ، دارم دارم حساب است .

مار گزیده از ریسمان سیاه و سفید می ترسد.

گر صبر کنی ز غوره حلوا سازی .

نا برده رنج گنج میسر نمی شود.

گل بود و به سبزه نیز آراسته شد.

شنیدن کی بود مانند دیدن .

حساب حساب است کاکا برادر .

شتر در خواب بیند پنبه دانه .

آدم خوش حساب شریک مال مردم است .

مثل ها مانند افسانه ها و حکایت ها ، آیینهٔ تمام نمای اندیشه و ذوق و آداب و رسوم و عادات جامعه است به طوری که با مطالعهٔ مثل های رایج درمیان مردم یک سرزمین می توان به چگونگی آداب و رسوم و اندیشه ها و عقاید آنان پی برد.

مثل ها بیشتر برای تأیید اصول اخلاقی است یعنی مردم را به رفتار و کردار پسندیده متوجه می سازد و از رفتار و کردار ناپسند برحذر می دارد. بدین سبب در بسیاری از زبان های دنیا مثل های مشابهی وجود دارد. این مشابهت به علت اعتقاد و علاقه ای است که ملت های جهان به اصول اخلاقی دارند. هرمثل اخلاقی در حقیقت یک درس اخلاق بشمار می رود.

*　　　　　*　　　　　*

"آدمی را بتر ازعلت نادانی نیست" این مثل ازشعر زیر گرفته شده است.

داروی تربیت از پیر طریقت بستان

کادمی را بتر از علت نادانی نیست

یعنی نادانی بزرگ ترین عیب آدمی است .

" آمد به سرم آن چه از آن ترسیدم " . این ضرب المثل وقتی به کار می رود که انسان به چیزی برخورد کند که از آن دوری می کرد.

" آستین نو ، پلو بخور" . می گویند ، <u>ملانصرالدین</u> با لباس کهنه ای به یک مهمانی شام رفت . خدمتکارها ، او را با کتک از خانه بیرون

کردند. ملا به خانه برگشت و لباس نو و گرانبهایی به امانت گرفت و دوباره رفت . این بار صاحب خانه به گرمی از او پذیرایی کرد و او را به بالای مجلس برد وقتی غذا حاضر شد ، ملا ، غذا نمی خورد ، بلکه آستین خود را به ظرف غذا نزدیک می کرد و می گفت : آستین نو ، پلو بخور . مهمانان که از این کار او تعجب کرده بودند ، علت آن را پرسیدند. ملا گفت : دفعه پیش که با لباس کهنه آمدم ، من را زدند و بیرون کردند. اما این بار از من پذیرایی کردند. پس این سفرهٔ رنگین برای لباس نو من است . این ضرب المثل را زمانی به کار می برند که ارزش انسان را به ظاهر ، پول و مقام او بدانند.

单词 واژه

وانگهی = و آن گاه

بیت ：（诗歌的）上下联（名）

مصراع ：（诗歌的）上联或下联（名）

عموم ：全体，全部（名）

شنونده ：听众，听者（名）

خواننده ：读者；歌唱家（名）

گوینده ：说话人，播音员（名）

عبارت ：短语，词语（名）

درک کردن (را) ：理解（动）

مثال ：例子（名）

ثابت کردن (را) : 证明，证实（动）

همنشینی : 座谈，交谈（名）

ترغیب کردن (را ، به) : 鼓励（动）

معاشرت : 交往，交际（名）

ناصالح : 不正直的，不善的（形）

برحذر داشتن (را ، از) : 告诫某人回避……（动）

خاندان : 家族（名）

نبوت : 先知（名）

اصحاب : ج صاحب 朋友（名）

کهف : 洞穴（名）

اقتباس شدن (از) : 摘自……，选自……（动）

استخاره : 占卜（名）

دغل : 虚伪的，欺骗的（形）

مگس : 苍蝇（名）

نابینا : 盲人（名）

گناه : 罪，罪行（名）

نیکی کردن : 行善（动）

دجله : 底格里斯河（名）

فرات : 幼发拉底河（名）

ایزد : 神（名）

نومیدی : 失望（名）

احتراز کردن (از) : 回避（动）

شتر：骆驼（名）

آشپز：厨师（名）

سرکه：醋（名）

نقد：现金（名）

حلوا：一种甜点（名）

نسیه：赊账（名）

مارگزیده：被蛇咬过的（形）

ریسمان：绳子（名）

غوره：未成熟的葡萄（名）

آراسته شدن：点缀（动）

کاکا：哥哥（名）

پنبه：棉花（名）

نما：表现（名）

رایج：流行的（形）

عقاید ج عقیده：信仰，观点（名）

تأیید：强调，确认（名）

پسندیده：合适的，令人满意的（形）

اصول ج اصل：原则（名）

رفتار：言行，举止（名）

کردار：行动，行为（名）

مشابه：相似的（形）

مشابهت：相似（名）

اعتقاد : 相信（名）

پیرطریقت : （意指）苏菲长老（名）

ستاندن : (ستان)（动）取，获得

علت : 缺点（名）

آستین : 衣袖，袖口（名）

کهنه : 旧的（形）

خدمتکار : 服务员（名）

ظرف : 器皿（名）

سفره : 餐桌（名）

نوح : 诺亚（方舟）（名）

نام یکی از پیغمبران قدیم است که او را آدم ثانی هم گفته اند. طبق روایات دینی درزمان وی طوفان عظیمی رخ داد و اغلب نقاط روی زمین را آب فرا گرفت و نوح با کشتی خود جمعی از مردم و جانوران را نجات داد .

پرسش :

۱- مثل چیست ؟

۲- چرا سعدی دوستان دغل را به مگس تشبیه کرده است ؟

۳- سعدی چه کسانی را گناهکار می دانست ؟

۴- چگونه می توان ادب را از بی ادبان آموخت ؟

۵- ضرب المثل معمولاً در چه موردی بکار می رود ؟

۶- با مطالعهٔ مثل های رایج در میان مردم ، چه می توان فهمید؟

将下列谚语译成波斯语并熟记

1. 做好事，不用卜吉凶　　2. 见死不救是罪过　3. 积少成多　4. 各司其职，各尽所能　5. 亲兄弟，明算账　6. 人多手杂　7. 好借好还，再借不难　8. 红花还需绿叶扶　9. 百闻不如一见　10. 不做亏心事，不怕鬼敲门　11. 一朝被蛇咬，十年怕井绳　12. 梦寐以求

(۱) جشن عروسی

婚庆

وقتی پسری قصد ازدواج با دختری دارد ، از دختر و خانواده اش خواستگاری می کند. درصورت پاسخ مثبت ، چند روز بعد، مهریه و جهیزیۀ دختر و تاریخ جشن عقد و عروسی تعیین می شود. سپس دختر و پسر حلقۀ نامزدی در انگشت می کنند و نامزد هم می شوند. پس ازمدتی معین دختر و پسر سر سفرۀ عقد می نشینند و عاقد با خواندن خطبۀ عقد آنها را زن و شوهر رسمی اعلام می کند. سپس نوبت به جشن عروسی می رسد . بعضی از خانواده ها شب پیش از عروسی مراسم حنابندان و روز بعد مراسم پاتختی برپا می کنند. پس از جشن عروسی هم فامیل به ترتیب عروس و داماد را همراه خانواده شان پاگشا می کنند.

واژه **单词**

خواستگاری کردن (از) : 求婚（动）

مهریه : 聘礼, 彩礼（名）

جهیزیه : 嫁妆（名）

عقد : 订婚（名）

حلقهٔ نامزدی : 订婚戒指（名）

انگشت : 手指（名）

نامزد : 未婚妻（夫）（名）

عاقد : 公证人，证婚人（名）

خطبهٔ عقد : 婚约，契约（名）

اعلام کردن (را) : 宣布（动）

حنابندان : 染色（旧时传统：给手指和脚指染色）（名）

پاتختی : 婚礼后的第一天庆典（名）

عروس : 新娘（名）

داماد : 新郎（名）

فامیل : 家人，亲戚（名）

پاگشا : 回门 （双方家人宴请新人）（名）

(۲) زندگی عشایری

游牧生活

علاوه بر زندگی روستایی و شهری ، درکشور ایران نوع دیگری از زندگی وجود دارد که به آن زندگی عشایری گفته می شود . این شیوهٔ زندگی که سکونت و یکجانشینی دائمی در آن دیده نمی شود ، زاییدهٔ استفادهٔ مستقیم انسان از منابع طبیعت است . وجود کوه های بلند با دامنه های سرسبز (مراتع ییلاقی) درمجاور دشت های وسیع (مراتع قشلاقی) زمینهٔ مناسبی را برای شکل گیری زندگی عشایری فراهم

کرده است.

درایران وجود کوه های البرز و زاگرس و نیز دشت های پست و هموارمجاورآنها، شرایط مساعدی رابرای دامپروری فراهم کرده است.

عشایر، زندگی اجتماعی - قبیله ای دارند و از ایل و طایفه تشکیل شده اند. افراد یک طایفه غالباً باهم خویشاوند هستند. اقتصاد عشایری متکی به دام است. عشایر کشور ایران، مردمانی سلحشور، مهمان نواز و سخت کوش اند که با فعالیت خود بخشی از مواد پروتیینی و لبنی کشور را تأمین می کنند و از این جهت در اقتصاد ایران نقش قابل توجهی دارند .

ایلات مهم ایران

سه ایل پرجمعیت ایران ایل بختیاری ، قشقایی و ایل سون است .

ایلات بختیاری بیلاق خود را دراطراف شهرکرد (زاگرس شمال غرب) و قشلاق خود را در جلگهٔ خوزستان می گذرانند .

ایلات قشقایی در زاگرس فارس و بین شمال و جنوب استان فارس و ایل سون ها از جلگهٔ مغان به سمت دامنه های سبلان و سایرارتفاعات آذربایجان جا به جا می شوند. گفتنی است، زنان عشایر در ایران ، هم دوش با مردان درامور دامداری ، تهیهٔ شیر و مشتقات لبنی و صنایع دستی مشارکت دارند . امروزه به دلیل سختی این نوع زندگی و تحولات اجتماعی ، تعداد کوچ نشینان رو به کاهش است و عشایر به شیوهٔ زندگی یکجانشینی تمایل پیدا کرده اند .

واژه 单词

زندگی عشایری : 游牧生活（名）

سکونت : 居住（名）

یکجانشینی : 定居（名）

زاییده : 产物（名）

ییلاق : 夏营地，别墅（名）

قشلاق : 冬营地（名）

زمینهٔ...را برای...فراهم کردن: 提供……条件，奠定……基础（动）

زاگرس : 扎格罗斯山（名）

هموار : 平坦的（形）

قبیله : 部落（名）

ایل : 部落（名）

طایفه : 部落，家族（名）

خویشاوند : 亲戚（名）

متکی به ... بودن : 依靠……（动）

سلحشور : 英勇的（形）

پروتیین : 蛋白质（名）

مواد لبنی : 乳制品（名）

ایل بختیاری : 部落名

قشقایی : 部落名

ایل سون : 部落名

شهرکرد : 沙赫尔库尔德（名）

فارس : 法尔斯省（名）

مغان : 地名

سبلان : 地名

هم دوش : 肩并肩地（副）

مشتقات لبنی : 乳制产品（名）

مشارکت داشتن (در) : 参与（动）

کوچ نشین : 游牧民（名）

رو به ... بودن : 日益……，日趋……（动）

تمایل پیدا کردن (به) : 产生意愿（动）

درس دوازدهم

وقتی خورشید می گیرد
日食

چه می شود که خورشید می گیرد و نورآن برای مدتی به زمین نمی رسد ؟

می دانیم که ماه به دور زمین می گردد و زمین به دور خورشید ، گاهی اتفاق می افتد که ماه در گردش خود به دور زمین ، با زمین و خورشید در یک خط قرار می گیرد و مانع رسیدن نور خورشید به زمین می شود. در این حالت اگر از زمین به خورشید نگاه کنیم به جای قرص نورانی خورشید ، جرم تاریک ماه را می بینیم که به شکل سایه ای روی قرص خورشید نمودار گشته است . به این حالت ، خورشید گرفتگی یا کسوف می گوییم .

مدتی بود که رسانه های همگانی خبر از نزدیکی وقوع خورشید گرفتگی می دادند. معلوم شد که خورشید در آغاز روز سه شنبه ، دوم آبان ماه یک هزار و سیصد و هفتاد وچهار ، که درافق تهران طلوع می کند ، به طورکامل خواهد گرفت. دانشمندان محاسبه کرده بودند که این کسوف کامل در بیرجند بیش از سایر شهر های ایران و در حدود هفده ثانیه طول خواهد کشید ، به همین سبب چند صد نفر از دانشمندان و منجمان تصمیم گرفته بودند ، برای مشاهدهٔ این پدیدهٔ کمیاب سماوی خود را همراه با لوازم و وسایل علمی به بیرجند برسانند. من که ازدیرباز به دانش نجوم علاقه مند بودم و فرصت رفتن به بیرجند را

-119-

نداشتم ، با مطالعهٔ کتابی که یکی از دوستانم در اختیارم نهاده بود و درآن همه اطلاعات مربوط به این خورشید گرفتگی آمده بود ، دانستم که اگر از ورامین وارد کویر شویم و خود را به جنوب دریاچهٔ نمک برسانیم ، می توانیم هم زمان با طلوع خورشید ، شاهد کسوف کلی باشیم .

ساعت یک و نیم بعد از نیمه شب با جمعی از دوستان ، درسه خود روی مناسب برای مسافرت در کویر راه افتادیم و یک ساعت بعد به ورامین رسیدیم . در ورامین ، دشتبان منطقه که کارمند ادارهٔ محیط زیست بود و کویر زا خوب می شناخت ، منتظر بود تا ما را برای پیشروی در کویر راهنمایی کند. از آن جا به بعد به دنبال او به راه افتادیم . دانش آموزان یک دبیرستان را هم دیدیم که از رشت با اتوبوس برای دیدن کسوف آمده بودند و آنها را راهنمایی کردیم .

هوای شبانگاه پاییز کویر اندکی سرد بود و ستاره ها در آسمان می درخشیدند. راه ناهموار بود و هرچه پیش تر می رفتیم جاده در بیابان محو تر می شد . چند بار راه را گم کردیم و دوباره پیدا کردیم . سرانجام پس از سه ساعت حرکت درکویر، ساعت پنج و نیم صبح به جایی رسیدیم که طبق نقشه ، فکر می کردیم می توانیم درآن جا شاهد کسوف کلی باشیم . نماز صبح را خواندیم و به افق چشم دوختیم تا ببینیم چه می شود . بعضی از همراهان دوربین فیلم برداری خود را آماده کردند. می دانستیم که خورشید درآن روز درساعت شش و هجده دقیقه طلوع خواهد کرد.

آسمان مشرق به تدریج روشن تر می شد . تقریباً دو دقیقه قبل از

زمان پیش بینی شدهٔ طلوع ، احساس کردیم که افق مشرق به جای آن که مانند روزهای عادی هرلحظه روشن تر شود ، به تاریکی می گراید. هرچه به زمان طلوع خورشید نزدیک تر می شدیم ، هیجانمان بیشتر می شد. می دانستیم که هنگام کسوف نباید مستقیماً به خورشید چشم بدوزیم و از تهران با خود شیشه های مخصوص دودی رنگ برده ـ بودیم .

ساعت شش و هجده دقیقه فرا رسید اما درافق شرق نشانی از لبهٔ بالای خورشید دیده نشد . افق نسبتاً تاریک بود . چهار دقیقه بعد ناگهان درافق روشنایی سرخ نا منظمی به شکل شعلهٔ آتش و به رنگ سرخ روشن ظاهر شد. این روشنایی شعله مانند به سرعت به صورت قسمتی از یک هلال درآمد که گودی آن رو به بالای افق بود. چند لحظه بعد در سمت راست آن بخش دیگری روشن شد و به سرعت به روشنایی پیشین پیوست . اکنون ما به جای آن که مانند روزهای معمولی شاهد یک هلال روشن رو به پایین در افق باشیم ، هلال نازکی را می دیدیم که گودی آن رو به بالا بود و فریاد شادی و تعجب از همگان برخاست . معلوم شد قرص خورشید در بالای افق قرار دارد و کسوف واقع شده است . دیری نگذشت که این هلال روشن نیز محو شد و ما درمقابل قرص تاریک خورشید قرار گرفتیم که تنها روشنایی ضعیفی دایرهٔ پیرامون آن را مشخص می کرد . با کامل شدن کسوف ، هوا یک باره تاریک شد. گویی دوباره شب شده بود. ستاره ها که از حدود نیم ساعت پیش، کم کم درروشنایی آسمان سپیده دم ناپدید شده بودند ، ناگهان دوباره در آسمان ظاهر شدند . برای اولین بار درعمر خویش می توانستیم

ستاره های آسمان را در روز ببینیم .

کسوف کامل در حدود پنج شش ثانیه بیشتر طول نکشید . ناگاه در قسمت بالای قرص تاریک خورشید ، زبانهٔ آتشی به رنگ مس گداخته چند لحظه شعله کشید و بلافاصله هلال نازکی از بالای خورشید آشکار شد که گودی آن رو به پایین بود. در این حالت شبیه یک حلقهٔ انگشتری بود که نگین درشتی از الماس برآن بدرخشد. زبانهٔ نخستین محو گردید و هلال روشن به تدریج بزرگ تر شد . معلوم شد که ماه کم کم دارد سایهٔ خود را از سر خورشید کم می کند ! هوا آرام آرام روشن تر می شد . نماز آیات خواندیم و دوباره خورشید را نظاره کردیم . نزدیک به نیمی از خورشید در کنار سایهٔ ماه پیدا بود. بساط صبحانه را پهن کردیم و درهوای پاک و خنک صبح کویر ، در همان حال که چای داغ و نان و پنیر و گردو می خوردیم ، تماشای خورشید را نیز از یاد نمی بردیم .

خورشید روشن و روشن تر می شد و صورت خود را از پشت سایهٔ ماه آشکار تر می کرد. ساعت هشت و نیم کسوف کاملاً برطرف شد و ما با آن که از شب بیداری قدری خسته بودیم ، خوشحال بودیم که توانسته ایم یکی از آیات الهی را تماشا کنیم و با بخشی از دانش گسترده و سودمند نجوم آشنا شویم .

单词 واژه

قرص : 圆状物（名）

جرم : 物体（名）

کسوف : 日食（名）

رسانهٔ همگانی : 公众媒体（名）

وقوع : 发生（名）

کمیاب : 少见的（形）

سماوی : 天空的（形）

لوازم : 必需品（名）

محو شدن : 消失（动）

شاهد ... بودن : 见证，目睹（动）

خودرو : 机动车（名）

دشتبان : 看护庄稼的人（名）

کارمند : 职员（名）

پیشروی : 前进（名）

رشت : 拉什特（名）

درخشیدن : (درخش) 发光（动）

ناهموار : 不平坦的（形）

نماز خواندن : 祷告（动）

دوربین فیلم برداری : 摄像机（名）

آماده کردن (را) : 准备（动）

گرویدن (به) : (گرای) (动) 趋向于……，倾向于……

دودی رنگ (形) 烟色的

لبه (名) 边缘

نا منظم (形) 不规则的

شعله مانند (形) 像火焰似的

پایین (名) 向下，下面

گودی (名) 凹处，洼地

دیری نگذشت (短语) 没过多久

دایره (名) 圆圈

پیرامون (名) 周围，围绕

مشخص کردن (را) (动) 显现，显出

سپیده دم (名) 黎明，拂晓

ناپدید شدن (动) 消失

زبانهٔ آتش (名) 火舌

مس (名) 铜

گداخته (形) 熔化的

بلافاصله (副) 紧接着，立刻

نگین (名) (镶在戒指上的)宝石

نماز آیات (名) (伊斯兰教徒在可怕的自然现象面前)双膝跪祷

بساط... را پهن کردن (动) 铺开(桌布)，摆开摊子

گردو (名) 核桃

از یاد بردن (را) (动) 忘记

شب بیداری : 熬夜（名）

آیات الهی : 神赐予的自然现象（名）

گسترده : 广泛的（形）

پرسش :

۱- هنگامی که کسوف کامل روی می دهد دقایقی پیش ازطلوع خورشید وضع آسمان چگونه است ؟

۲- درچه صورت می توان در روز ستاره ها را مشاهده کرد ؟

۳- درمتن درس پس ازکسوف کامل هلال خورشید به چه صورتی بود؟

翻译练习

1. 媒体报导了日食即将发生的消息，我们都盼望着它尽快到来。
2. 罕见的自然现象出现了，我们高兴得叫了起来。
3. 我们目睹了日全食发生的全过程。
4. 太阳慢慢地从月影后露出，日食消失了。
5. 通过观察日食，我们学到了更多的天文知识。
6. 如今这里矗立着一幢幢高楼，而不是过去低矮的平房。(به جای...)
7. 我们没带科学仪器，而是带着照相机和摄像机，跟着导游上路了。
8. 今天上午，他去医院看病了，没去教室上课。
9. 天气转凉，要适时地增添衣服，注意别感冒了。(به ... گرویدن)
10. 因为阳光刺眼，他带着一副墨镜。

دوره های مختلف تحصیلی

学历

درایران بچه ها از شش سالگی وارد دبستان می شوند و دورۀ تحصیلات آنها تا پایان هجده سالگی طول می کشد. دوره های مختلف تحصیلی دانش آموزان عبارتند از :

دورۀ پیش دبستانی : این دوره یک ساله است و از پنج تا شش سالگی طول می کشد.

دورۀ ابتدایی : این دوره از شش تا یازده سالگی طول می کشد و شامل پنج پایۀ تحصیلی است. دانش آموزان درپایان سال پنجم مدرک تحصیلات ابتدایی دریافت می کنند.

دورۀ راهنمایی : این دوره از دوازده تا چهارده سالگی طول می کشد و شامل سه پایۀ تحصیلی است. فارغ التحصیلان این دوره مدرک راهنمایی می گیرند.

دورۀ متوسطه (دبیرستان) : این دوره از پانزده تا هفده سالگی طول می کشد و شامل سه پایۀ تحصیلی است . دانش آموزان دورۀ متوسطه یا در دبیرستان تحصیل می کنند یا در هنرستان. فارغ التحصیلان این دوره مدرک دیپلم متوسطه یا مدرک دیپلم فنی و حرفه ای دریافت می کنند.

دورۀ پیش دانشگاهی : طول این دوره یک سال است. دانش آموزانی که مایل به ادامۀ تحصیل در دانشگاه هستند ، وارد این دوره می شوند و پس از قبولی، درامتحان کنکور شرکت می کنند تا درصورت پذیرش دررشته و دانشگاه مورد نظر، تحصیلات دانشگاهی خود را آغاز کنند .

单词 واژه

دورهٔ پیش دبستانی : 学龄前（名）

دورهٔ ابتدایی : 小学（名）

مدرک : 证书，文凭（名）

دورهٔ راهنمایی : 初中（名）

دورهٔ متوسطه (دبیرستان) : 高中（名）

هنرستان : 专科学校，技工学校，职业学校（名）

دیپلم : 高中文凭（名）

دورهٔ پیش دانشگاهی : 大学预科（名）

امتحان کنکور : 高考（名）

درس سیزدهم

بهار، ستایشگر صلح و آزادی

巴哈尔 —— 自由和平的颂扬者

<u>ملک الشعرای</u> بهار ستایشگر آزادی است. از شاعران بنام ایران که هیچ کس به خوبی او از آزادی سخن نگفته است .

بهار در یک خانوادهٔ شعر و بازرگان به دنیا آمد. از کودکی به شعر و نقاشی علاقه می ورزید. پدرش که خود شاعر بود ، کوشید او را به تجارت وا دارد ، اما کودک به ادبیات بیشتر رغبت داشت . وقتی پدرش مرد او هیجده ساله بود، اما شاعری پرمایه بشمار می آمد. آغاز شاعری وی با انقلاب مشروطیت همزمان بود. انقلاب مشروطیت که در هر سری شوری دیگر انداخت بهار جوان را نیز به اندیشهٔ پیکار به خاطر آزادی و نجات وطن رهنمون گشت .

مبارزه با تجاوز بیگانگان ، مبارزه با تعدی و بیداد فرمان روایان خودکامه ، مبارزه با آن چه ایران را به ضعف وفقر و فساد کشانیده بود هدف کسانی بود که در آن روزها در <u>مشهد</u> و <u>تبریز</u> و اصفهان و تهران و جاهای دیگر با استبداد به پیکار برخاسته بودند. وقتی بهار نخستین اشعار اجتماعی خویش را در مشهد منتشر می کرد ، بیست و یک سال بیش نداشت. چند سال بعد از مشهد به تهران تبعید شد.

هنگام ورود به تهران هنوز سی سال نداشت . با این حال یک سال بعد ، از طرف مردم <u>خراسان</u> به نمایندگی مجلس شورای ملی برگزیده شد. بهار در مجلس چهار دوره وکالت کرد و در این مدت بر ضد مداخلات

-128-

بیگانگان و ستمگران عصر مبارزه نمود و همه جا برای آزادی ، برای عدالت و برای تجدد ، شور و شوق فراوان از خود نشان داد.

فعالیت های اجتماعی بهار تا پایان حکومت قاجاریان ادامه یافت . از آن پس از کارسیاست دست کشید و اوقات خود را یکسره وقف ادبیات کرد و به تألیف و تدریس پرداخت. کتاب " سبک شناسی" که تاریخ تطور نثر فارسی است از آثار ارزنده ای است که وی در این سال ها تألیف کرد. در واپسین سال های عمر خود بهار دوباره به روزنامه ـ نویسی و سیاست روی آورد. زمانی مجدداً به نمایندگی مجلس شورا برگزیده شد و مدتی نیز وزارت یافت. وی در همه حال برای دفاع از صلح و آزادی و مبارزه با فساد و تباهی از تلاش نایستاد و سرانجام کار طاقت فرسا وی را ناتوان کرد و بیماری سل که چند سالی بود شاعر را آزار می داد در ماه اردیبهشت سال ۱۳۳۰ هجری شمسی بهار را از پای درآورد ، درحالی که هنوز در ستایش آزادی و صلح نغمه ها بر لب داشت.

از آن جا که زندگی بهار سراسر پراز مبارزه و تحول و دگرگونی بود خود فرصت نکرد که اشعارش را مرتب سازد و انتشار دهد. سالی چند پس از مرگ وی بود که دیوانش انتشار یافت .

درسراسردیوان بهار، عشق به میهن و عشق به تاریخ ایران به چشم می خورد. بهار روی هم رفته شاعری بود زحمتکش ، قانع ، بی پروا و مقاوم که از گفتن آن چه به نظرش درست می آمد نمی هراسید. به ایران عشق می ورزید و پیوسته در اندیشهٔ اعتلا و آبادی آن بود. تاریخ ایران ، ادبیات ، فرهنگ و زیبایی های آن را می شناخت و همهٔ آنها را شایستهٔ

-129-

مهرورزی می دانست.

مردم بینوا و مستمند و نادان را از یاد نمی برد و درحق آنان دلسوز بود و آرزوی زندگی بهتری برای آنان داشت .

اندیشه های نو و تحول زمان و پیشرفت های دانش را با آغوش باز می پذیرفت و از تماشای آثار تمدن جدید و ثمرات دانش به وجد می آمد. آزادی و صلح و صفا و بلندی و روشنی و زیبایی و عدالت را می ستود و به مقام والای انسان احترام می گذاشت . بهار به زیبایی های طبیعت، به گل ، به سبزه و به پرندگان با شوق و محبت می نگریست . کبوتران را دوست داشت و از تماشای پرواز آنها لذت می برد. دوبیتی های زیر نمونهٔ سرودی است که وی برای کبوتران خویش ساخته است :

بیایید ای کبوترهای دلخواه　　بدن کافورگون پاها چو شنگرف
بپرید از فراز بام و ناگاه　　به گرد من فرود آیید چون برف
سحرگه سر کنید آرام آرام　　نواهای لطیف آسمانی
سوی عشاق بفرستید پیغام　　دمادم با زبان بی زبانی

单词 واژه

ستایشگر : 颂扬者，赞美者（名）

بنام : 著名的（形）

تجارت : 贸易（名）

وا داشتن (را) : 说服，迫使（动）

رغبت داشتن (به) : 喜爱，有兴趣（动）

پرمایه : 有成就的（形）

پیکار : 斗争（名）

رهنمون گشتن/ شدن (را ، به): (گرد) 指引（道路）（动）

تجاوز : 侵略（名）

تعدی : 侵犯（名）

بیداد : 压制；不公正（名）

خودکامه : 专横的，专制的（形）

فساد : 腐败（名）

استبداد : 专制（名）

تبعید شدن (به) : 被流放（动）

وکالت کردن : （担任）议员职务（动）

برضد ... : 反对……（介）

مداخلات : ج مداخله 干涉（名）

ستمگر : 压迫者（名）

عدالت : 公正，正义（名）

تجدد : 振兴，复兴（名）

قاجاریه : 恺加王朝（名）

وقف کردن (را) : 奉献，献出（动）

سبک شناسی : 文体学（名）

تطور : 发展，变化（名）

ارزنده : 有价值的（形）

مجدداً : 再次（副）

وزارت :（政府的）部（名）

از ... ایستادن :停止（动）

تباهی :腐朽，堕落（名）

ناتوان کردن (را) :使……无能为力（动）

سل :肺结核（名）

مرتب ساختن (را) :整理（动）

روی هم رفته :总之（副）

زحمتکش :勤奋的（形）

قانع :满足的（形）

بی پروا :无所畏惧的（形）

مقاوم :顽强的（形）

هراسیدن (از) :(هراس) 害怕（动）

اعتلا :提高（名）

مهرورزی :喜爱，钟爱（名）

بینوا :贫困的，贫穷的（形）

مستمند:贫困的（形）

درحق ... :为……（介）

با آغوش باز :张开怀抱（副）

به وجد آمدن :兴奋（动）

ستودن :(ستای) 赞美（动）

کبوتر :鸽子（名）

دوبیتی :四行诗（名）

دلخواه : 心仪的，心爱的（形）

کافورگون : 像樟脑似的（形）

شنگرف : 朱砂（名）

بام : 屋顶（名）

نوا : 声音，歌声（名）

عشاق : ج عاشق 情人（名）

پیغام : 信息，口信（名）

دمادم : 不断地（副）

بهار : (۱۸۸۶- ۱۹۵۱ م .) 巴哈尔 （名）

بهار، محمد تقی شاعر بزرگ معاصراست. وی نویسنده ، محقق ، روزنامه نگار ، استاد دانشگاه و مرد سیاست بود. ازآثار او می توان دیوان اشعار ، تاریخ احزاب سیاسی ، تصحیح تاریخ سیستان و مجمل التواریخ را نام برد . مهم ترین اثر او سبک شناسی است. بهار در سرودن انواع شعر دست داشت اما قصیده را به سبک خراسانی با مهارت و هنرمندانه می سرود .

پرسش :

۱- چه چیزهایی ایران را به ضعف و فقر و فساد کشانید بود ؟

۲- چرا بهار را از مشهد به تهران تبعید کردند ؟

۳- چرا بهار فرصت نکرد که اشعار خود را انتشار دهد ؟

۴- بهارروی هم رفته چگونه شاعری بود ؟

۵- بهار چه کسانی را از یاد نمی برد ؟

۶- با خواندن این متن شما بهار را چگونه می بینید ؟

翻译练习

1. 巴哈尔的文学生涯始于上世纪初叶。

2. 我们班里，目前还没人能写出像他那样的好文章。

3. 为了祖国的振兴和繁荣，我们在不懈地努力。

4. 听说这部电影将一直演到暑假结束。

5. 他们对参加公益活动，表现出极大的热情。

6. 他们把自己的毕生精力献给了维护和平、反对战争的崇高事业。

   (... را وقف ... کردن)

7. 英雄们值得我们尊敬和爱戴。

8. 巴哈尔去世后，他的家人整理出版了他的诗集。

9. 大学期间，她学习了专业规定的所有课程，同时还辅修了经济系的
   两门课程。

(۱) نهضت مقاومت ملی
民族抵抗运动

با پیروزی کودتا، شعله های مقاومت البته یک باره خاموش نشد.
شخصیت های ملی و بعضی از روحانیون و استادان دانشگاه ، تشکلی
به نام نهضت مقاومت ملی را به وجود آوردند. عده ای ازاستادان
دانشگاه به مذاکرات نفت که در حقیقت سرپوشی سیاسی برای باز
گرداندن آمریکا و انگلیس به سرچاه های نفت بود ، اعتراض کردند و
از دانشگاه اخراج شدند. درشانزدهم آذر ۱۳۳۲ هجری شمسی

-134-

دانشجویان دانشگاه تهران در اعتراض به سفر نیکسون ، معاون رئیس جمهور آمریکا ، تظاهرات کردند که پلیس سه تن از آنان را به قتل رساند. آیت الله کاشانی نیز درمخالفت با قرارداد نفت که دولت زاهدی با کنسرسیوم منعقد ساخت ، اعلامیه ای خطاب به دبیرکل سازمان ملل متحد صادر و اعتراض خود را اعلام کرد اما هیچ یک از این اقدامات سودی نداشت و آمریکا که درایران جانشین انگلیس شده بود ، روز به روز زنجیر اسارت را بر دست و پای ملت ایران محکم تر ساخت . سرانجام این زنجیر در۲۲ بهمن ۱۳۵۷ با رهبری امام خمینی ، یک باره گسیخته شد .

单词 واژه

نهضت : 运动（名）

مقاومت : 抵抗（名）

شخصیت های ملی : 民主人士（名）

روحانی : 神职人员（名）

تشکل : 组织（名）

سرپوش : 盖子（秘密）（名）

اعتراض کردن (به) : 抗议（动）

اخراج شدن (از) : 被开除（动）

معاون : 副（职）（名）

تظاهرات کردن : 游行示威（动）

پلیس : 警察（名）

به قتل رساندن (را) : 杀害（动）

مخالفت : 反对（名）

قرارداد : 合同（名）

منعقد ساختن (با) : 签署，缔结（条约）（动）

اعلامیه : 声明（名）

خطاب به ... : （名）面向……，对……

دبیرکل : 秘书长（名）

زنجیر : 链条（名）

اسارت : 奴役（名）

یکباره : 一下子（副）

گسیخته شدن : 被断开（动）

امام خمینی : 霍梅尼 （名）

امام خمینی رهبر انقلاب اسلامی و بنیان گذار جمهوری اسلامی ایران ، در ۲۰ جمادی الثانی ۱۲۲۰ هجری قمری در خمین به دنیا آمد و در ۱٤ خرداد ۱۳۶۸ شمسی درگذشت .

(۲) صلح

和平

هیچ جنگی تا ابد ادامه نمی یابد. ممکن است جنگ با پیروزی یا شکست یکی از دوکشور خاتمه یابد گاهی نیز ممکن است دو طرف تصمیم بگیرند برای دست یابی به صلح با هم مذاکره کنند. بنابراین ،

آنها آتش بس اعلام می کنند . برای حفظ صلح ، نیروهای حافظ صلح ازطرف سازمان ملل متحد به منطقهٔ جنگی اعزام می شوند . سیاست مداران نیز دربارهٔ چگونگی برقراری صلح ، میزان خسارات و پرداخت غرامت گفتگو می کنند و تعهد می کنند دیگر به خاک همدیگر تجاوز نکنند.

单词 واژه

ابد : 永久（名）

خاتمه یافتن : 结束（动）

آتش بس : 停火（名）

نیروهای حافظ صلح : 维和部队（名）

اعزام شدن : 被派遣（动）

سیاست مدار : 政治家（名）

خسارات : ج خسارت 损失（名）

پرداخت غرامت : 支付赔款（名）

تعهد کردن : 承诺，保证（动）

تجاوز کردن (به) : 侵略（动）

درس چهاردهم

فوران آتش فشان

火山喷发

زمین آشنای دیرینهٔ ما ست . بارها از تماشای دشت های سرسبز و کوه های سر به فلک کشیده اش لذت برده ایم ، از اعماق آب هایش خبر گرفته ایم و درجنگل و کویرش گردش کرده ایم . گاه بر سطح سخت و استوارآن ایستاده ایم ، در آسمان نیلگون با ستارگان درخشان و صورت های فلکی اش خیره شده ایم و در راز و رمزهای هستی تأمل کرده ایم ، گاه قلم برداشته ایم و گوشه ای از این طبیعت شگفت را وصف کرده ایم : دریای مواج ، قله های پربرف ، کشتزارهای خرم . حتی به میان غارهای تاریک و پرپیچ وخم آن نیز سرک کشیده ایم . راستی آیا طبیعت فقط محدود به همین زیبایی ها ست؟

دردل زمینی که پیوسته ما را به دیدار گوشه های تماشایی خود فرا می خواند ، چه می گذرد؟ هرچند گاه یک بار می شنویم که درگوشه ای از جهان زمین می غرد و با تمام پویایی و حیات خود فریاد می زند ، چه شده است ؟ جایی از زمین شکافی عمیق برداشته یا از دهانهٔ کوهی آتش و سنگ مذاب فوران کرده است. زمین سخاوتمند چهرهٔ دیگری از درون پر غوغای خود را آشکار ساخته است.

در یکی از روزهای سال ۷۹ میلادی ، نزدیکی های ظهر، پاره ابر خاکستری رنگی به شکل درختی عظیم از قلهٔ کوه وزووو بالا آمد ، زمین لرزید ، صدای غرشی برخاست و پیش از آن که مردم حیرت زدهٔ

شهرها پی به موضوع ببرند ، پاره ابرخاکستری تیره شد و بارانی از سنگ برسرشان فرو ریخت . مردمان زیادی در حالی که مشغول گفتگو با یکدیگر بودند ، یا غذا می خوردند یا کنار فرزندان خود آرمیده بودند ، زیر توده های عظیم خاکستر دفن شدند.

حدود ۴۵۰ سال پیش در یکی از شهرهای چین زلزله ای روی داد که بیش از هشتصد هزار نفر درآن جان باختند. زلزلهٔ چین بزرگ ترین ومرگبارترین زلزله درطول تاریخ است. از آن زمان تاکنون فاجعه هایی مشابه نیز در ژاپن ، هند ، آمریکا ، اروپا و ایران به وقوع پیوسته و موجب مرگ هزاران انسان و ویرانی شهرهای آباد بسیاری شده است .

درگذشته های دور، انسان از چگونگی وقوع این حوادث اطلاعی نداشت ؛ اما علم پیوسته راه های تازه ای برای حل مشکلات پیش پای انسان نهاده است . ما امروز به کمک دانش و فن آوری به اسرار درون زمین پی برده ایم . می دانیم که پدیده های طبیعی ، همچون زلزله و آتش فشان اجتناب ناپذیرند و باید راه درست رو به رو شدن با آنها را بیاموزیم ؛ هم چنین می دانیم که در اعماق زمین سنگ های مذاب در تلاطم هستند ، هرگاه حرکات این توده های عظیم و سنگین همراه با گازهای فشرده ، بخشی از پوستهٔ زمین را که نازک شده است بشکافد و یا دردل دریا راه خروجی به بیرون بیابد ، آتش بازی مهیبی برفراز کوه ها ودرون آب ها آغاز می شود . جزیره های آتش فشانی دردریا ها ویا مخروط های بلند آتش فشان مانند کوه دماوند ، زاییدهٔ این تلاطم درونی زمین است .

سنگ هایی که از دهانهٔ آتش فشان بیرون می ریزد، به علت حرارت

زیاد عمق زمین ، تبدیل به خاکستر می شود ، غالباً نیز سنگ ها به صورت مایعی داغ و قرمز رنگ از زمین بیرون می آیند که به آن گدازه می گویند. از دهانۀ بعضی آتش فشان ها نیز دود یا بخار بیرون می آید ، بعضی دیگر درساعات خشم و خروش تبدیل به فوارۀ عظیمی از آب داغ می شوند. گاه ، فوران دود و بخار چندین روز طول می کشد و سیل گدازه راه دامنه ها را پیش می گیرد و به سوی درون شهرها سرازیر می شود.

در سراسر جهان حدود پانصد آتش فشان وجود دارد. حالا نفس راحتی می کشیم . پانصد آتش فشان برای تمام زمین ! کوه های بسیاری هست که می توانیم با آسودگی خاطر در دامنه های سرسبزشان به تماشا بنشینیم و قله هایشان را فتح کنیم . دماوند خاموش یکی از آنها ست . آیا ممکن است آتش فشان های خاموش روزی دوباره بیدار شوند ، بغرند و با دم آتشناک خود بارانی از دود و خاکستر برسرمردم بریزند ؟ در طبیعت همه چیز ممکن است ، اما همان طورکه پیشرفت علم شناخت بهتر ساختمان درونی زمین را برای انسان ممکن ساخته و به او این امکان را داده است تا با اختراع زلزله نگار، زلزله ها را ثبت کند ، آدمی را برای چاره اندیشی در برابر حوادث طبیعی که او را تهدید می کنند ، مجهز خواهد کرد. دامن طبیعت به یاری علم و اندیشه روز به روز امن تر خواهد شد و انسان در پناه آن آسودگی و امنیت ، فرصت خواهد داشت که بیشتر بیندیشد و طبیعت را بیشتر رام کند .

هرگاه از دور دهانۀ مخروطی یک آتش فشان را بنگریم ، به زیبایی آن پی خواهیم برد. چه جهان شگفتی ! این مخروط های زیبا آتش

مرگبار را همراه با الماس های درخشان و مواد معدنی مفیدی که غذای کشتزارهای مرده است ، در دل خود نهفته دارند و این ارزش ها که زمین را درزیر پای مردم به تلاطم در می آورند ، هربار بر استقامت و استواری آن می افزایند. آیا چیزی در طبیعت هست که بدون هدف آفریده شده باشد ؟

单词 واژه

دیرینه : 悠久的（形）

سربه فلک کشیده : 耸入云宵的（形）

نیلگون : 天蓝色的（形）

درخشان : 闪闪发光的（形）

صورت فلکی : 星座（名）

خیره شدن : 凝视（动）

تأمل کردن (در) : 思考，思索（动）

مواج : 波浪滚滚的（形）

کشتزار : 庄稼地（名）

پرپیچ و خم : 弯弯曲曲的（形）

سرک کشیدَن : 探头（观察）（动）

فرا خواندن : 召唤（动）

غریدن :(غر) 轰鸣（动）

پویایی : 活力，能量（名）

شکاف برداشتن : 裂开，破裂（动）

دهانهٔ کوه : 山口（名）

مذاب : 熔化的（形）

پاره ابر : 一片云（名）

حیرت زده : 惊恐的，惊吓的（形）

فرو ریختن : 倾倒，倒塌（动）

خاکستر : 灰（名）

آرمیدن : (آرام) 休息（动）

جان باختن : (باز) 丧命（动）

مرگبار : 致命的（形）

فاجعه : 惨剧，灾难（名）

ویرانی : 毁坏（名）

اجتناب ناپذیر : 不可避免的（形）

تلاطم : 涌动，动荡（名）

فشرده : 压缩的（形）

پوستهٔ زمین : 地壳（名）

راه خروجی : 出路（名）

مهیب : 可怕的（形）

مخروط آتش فشان : 火山锥（名）

دماوند : 达马万德峰（名）

حرارت : 温度（名）

گدازه : 熔岩，熔浆（名）

فواره : 喷泉（名）

با آسودگی خاطر : 放心地（副）

به تماشا نشستن : 坐着观赏（动）

فتح کردن (را) : 征服（动）

آتشناک : 火焰般的，燃烧的（形）

زلزله نگار : 地震仪（名）

ثبت کردن (را) : 记录，记载（动）

چاره اندیشی : 想办法（名）

مجهز کردن (را) : 装备（动）

امن : 安全的，安宁的（形）

پناه : 庇护处，避难所（名）

رام کردن (را) : 服从，听从（动）

استقامت : 坚固，稳固（名）

وزوو : 维苏威火山（名）

کوه آتش فشانی در جنوب ایتالیا و تنها آتش فشان قارهٔ اروپا است . در طغیان این کوه که درسال ۷۹ میلادی روی داد دوشهر پمپئی و هرکولانوم ویران شدند.

پرسش :

۱- دانش انسان نسبت به اعماق زمین در مقایسه با گذشته های دور چه تفاوتی دارد ؟

۲- کوه های آتش فشان و جزایر آتش فشانی چگونه به وجود آمده اند ؟

۳- مرگبارترین زلزله در طول تاریخ درکدام کشور و درچه سالی روی

داده است ؟

۴ـ انسان به یاری علم چگونه با حوادث طبیعی رو به رو خواهد شد ؟

 翻译练习

1. 地震发生后，房屋倒塌，牲畜被埋在土堆里。

2. 火山喷发之前，当地政府迅速地将群众转移到安全的地方。(انتقال)

3. 地震和火山喷发会造成人员的伤亡和财产的损失。

4. 人们在思考这些自然现象是如何发生的。(تأمل کردن)

5. 目前，有些自然灾害的发生是不可避免的。

6. 依靠科学技术，我们可以征服自然灾害。

7. 随着科学的不断进步，认识地球的内部结构已成为可能。

8. 这种传染病威胁着儿童的健康，政府将竭尽全力来预防和控制它。

9. 你放心去上班吧，我来照顾孩子。

(۱) سرزمین طلای سیاه
黑色的金土地

خوزستان با رودهای پرآب ، دشت ها و طلای سیاه ، گنج خداداد نفت و کشتزارهای نیشکر، زرخیزترین وثروتمند ترین استان ایران است. مرداب های پهناور آن هم پناهگاه مرغان مهاجراست .

ثروت استان خوزستان بی پایان است . فرآورده های کشاورزی آن نیشکر ، خرما ، گندم ، جو ، برنج و مرکبات است . صید ماهی و میگو

-144-

و دام پروری از منابع عمدهٔ معیشتی مردم خوزستان به شمار می آید. از همه مهم تر، یکی از سرشار ترین منابع نفت و گاز جهان در ژرفای خاک خوزستان جای دارد.

ایران از طریق سواحل آب های گرم خوزستان با بنادر بازرگانی جهان ارتباط دارد. منابع پردرآمد صید دریایی، پالایشگاه نفت و مجتمع عظیم پتروشیمی نیز خوزستان را در میان استان های ایران شاخص کرده است.

پرآب ترین رود فلات ایران، <u>کارون</u> که از <u>زرد کوه بختیاری</u> سر چشمه می گیرد، یگانه رود قابل کشتی رانی ایران است.

خوزستان در تاریخ نهضت علمی وادبی ایران دارای اهمیت بسیار است. گروهی از دانشمندان خوزستان، از بنیادگذاران فرهنگ اسلامی هستند، استادان و پزشکان نامدار دانشگاه و بیمارستان <u>جندی شاپور</u> طب اسلامی را در <u>بغداد</u> گسترش دادند و اولین بیمارستان ها را به وجود آوردند...

خوزستان مهد تمدنی شش هزار ساله است و آثار آن تمدن در نقاط مختلف خوزستان برجای مانده است.

هنگامی که در ۳۰ شهریور سال ۱۳۵۹ دشمن به خاک ایران تجاوز کرد، مردم خوزستان بیش از دیگر ایرانیان سنگینی بار جنگ را به دوش کشیدند و در راه دفاع از استقلال کشور خود قربانی و خسارت دادند. در این جنگ تعداد بسیاری از مردم خوزستان آواره شدند.

واژه 单词

خداداد : 真主恩赐的（形）

نيشكر : 甘蔗（名）

زرخيز : 富饶的，肥沃的（形）

مرداب : 池塘，沼泽（名）

مهاجر : 迁移的，移民，外来人口（形、名）

مرغان مهاجر : 候鸟（名）

فرآورده : 产品（名）

مركبات : 柑橘类水果的总称（名）

ميگو : 虾（名）

معيشتى : 生活的（形）

ژرفا : 深处，深度（名）

بنادر : ج بندر 海港，港口（名）

ارتباط داشتن (با) : 联系（动）

مجتمع پتروشيمى : 石化联合企业（名）

شاخص كردن (را) : 使……明显（动）

فلات : 高原（名）

كارون : 卡隆河（名）

كشتى رانى : 航海，航运（名）

بنيادگذار : 奠基人（名）

بغداد : 巴格达（名）

-146-

به دوش کشیدن (را) : 承担（动）

استقلال : 独立（名）

قربانی : 牺牲（名）

آواره شدن : 流浪，无家可归（动）

جندی شاپور : 坎迪•沙普尔 （名）

شهری که شاپور اول ، پادشاه ساسانی درخوزستان ساخت . جندی شاپورکانون علم و دانش بود و در آن جا بیمارستان و دانشگاهی ساخته شد که تا قرن سوم هجری برپا بود.

(۲) پایان یافتن نفت

石油枯竭

نفت ، عامل اصلی فعال ماندن و بقای صنایع است. با محاسبات و تخمین هایی که انجام داده اند ، مقدار ذخایر نفتی جهان را حدود ۹۰۰ میلیارد بشکه تعیین کرده اند . اما این مقدار با آن که زیاد به نظر می رسد ، فقط به مدت ۴۰ سال (با سرعت مصرف فعلی) دوام می آورد. اگر معادن کشف نشده را هم به حساب بیاوریم ، حد اکثر ۲۵ سال دیگر را می توان به رقم فوق اضافه کرد. از طرفی ، ازسال ۱۸۶۰ به بعد ، مصرف انرژی ، سالی ۵ درصد افزایش یافته است. دراین صورت، باید در آیندهٔ نزدیک منتظر بحران انرژی درجهان بود.

البته در کنار مسایل بحث شده ، مشکلات دیگری هم که ناشی از جمعیت زیاد و بی توجهی به محیط زیست است ، زندگی ما را تهدید می کند. موارد زیر، ازآن جمله اند :

۱- گرم شدن هوای کرهٔ زمین به علت ازدیاد مقدار دی اکسید کربن هوا

۲- از بین رفتن لایهٔ ازون

۳- ایجاد فاضلاب ها و مواد مضر شیمیایی و صنعتی

واژه 单词

بقا : 生存（名）

تخمین : 推测（名）

میلیارد (ملیارد) : 十亿（名）

بشکه : 桶（名）

رقم فوق : 上述数字（名）

لایهٔ ازون : 臭氧层（名）

مضر : 有害的（形）

درس پانزدهم

چگونه سالم بمانیم ؟

如何保持健康？

" ماسایی" قبیله ای است در آفریقا که تا این زمان هیچ گونه بیماری قلبی و عروقی که ناشی از تغذیه و عوامل نامساعد محیطی باشد ، درمیان افراد آن مشاهده نشده است . کودکان و جوانان این قبیله، روزانه ساعات زیادی را همراه گله پیاده روی می کنند. سرعت حرکت آنها در هنگام نگهبانی از گله ، بین ۵ تا ۸ کیلومتر درساعت است.

آزمایش های انجام شده نشان می دهد که فشار خون و میزان کلسترول آنها کمتر از افراد همسنشان درشهرها است. ماسایی ها شیرینی ، آب نبات و بیسکویت را نمی شناسند و تنها از مواد غذایی طبیعی استفاده می کنند. مصرف سیگار نیزدرجامعهٔ آنها ممنوع است. اما ما چگونه زندگی کنیم تا بتوانیم ازمشکلات قابل پیشگیری دور بمانیم؟

آموزش

قلب انسان- بخصوص انسان شهرنشین - درمعرض انواع بیماری است و بیماری های قلبی ازشایع ترین بیماری ها ، در جوامع صنعتی هستند. امروزه درکشورهای پیشرفتهٔ صنعتی تبلیغات وسیعی صورت می گیرد تا خطرهایی ناشی از مصرف بیش ازحد کلسترول ، چربی-های حیوانی وسیگار و زندگی ماشینی ، هم چنین اهمیت ورزش، تغذیهٔ مناسب ، شیوهٔ زندگی و کنترل شدید آلودگی هوا را به مردم بشناسانند. تبلیغات و آموزش این نکات ، برای اهالی شهر های آلوده اهمیت

-149-

ویژه ای دارد. با کمی توجه و آگاهی می توانیم بسیاری از بیماری ها را برای همیشه از خود دور نگاه داریم .

برای مثال ، بسیاری از بیماران قلبی را افرادی تشکیل می دهند که به روماتیسم قلبی دچار هستند. اما شاید برای شما عجیب باشد بدانید که علت اصلی این بیماری ، گلودرد میکربی است. گلودردهای ناشی از عفونت دردورۀ کودکی بسیار شایع هستند و بسیاری از والدین ، با مشاهدۀ علایم ظاهری بهبودی ، ادامۀ درمان و مصرف دارو های تجویز شده را متوقف می کنند . غافل از این که آثار اصلی بیماری ، بعدها درقلب فرزندشان به شکل روماتیسم ظاهر می شود. آگاهی از روش های صحیح تغذیه و فعالیت و شرایط مطلوب روانی درمحیط کار و زندگی برای بالا بردن سطح سلامتی جامعه بسیار مؤثر است.

تغذیه

نوجوانانی که از مصرف هرگونه مواد غذایی دریغ نمی کنند ، درآینده وضعیت بدنی خوبی نخواهند داشت. تغذیه ای که دردستگاه های حیاتی بدن مثل دستگاه گوارش ، دستگاه گردش خون و دستگاه ادراری اختلال ایجاد کند ، مسلماً برای قلب و سلامتی خطرناک است . بسیاری از جوانان و نوجوانان تصور می کنند که بیماری های قلبی مخصوص میانسالان است و به پرخوری می پردازند. اما نمی دانند که پرخوری یکی از عوامل اصلی در بروز بیماری است . هم چنین مصرف اضافی چربی های حیوانی و گوشت قرمز بی شک احتمال وقوع بیماری های قلبی را در انسان افزایش می دهد. کاهش ادویه ، خردل ، قهوه ، چای ، و به طور کلی مواد محرک در برنامۀ غذایی برای بهبود شرایط

فیزیکی بدن مؤثر است . مصرف بیش از حد نمک در افراد مبتلا به فشار خون بالا خطرناک است و احتمال وقوع سکته های مغزی و بیماری های قلبی را افزایش می دهد.

افرادی که استعداد چاقی دارند ، باید بیشتر مراقب باشند . افزایش وزن این افراد نشان دهندهٔ تجمع چربی در نقاطی مانند دور کمر، شکم ، بافت زیر پوست و دور قلب است . به همین جهت گاهی همزمان با چاقی ، اختلالات قلبی نیز تشدید می شوند، زیرا یک قلب فربه – مثل یک انسان فربه ـ تحرک و بازدهٔ بدنی (فعالیت) کمتری دارد. درنتیجه فرد، سرحالی و ظرفیت کاری مطلوب را ازدست می دهد. پس می بینیم که اولین شرط سلامتی قلب و بدن رعایت مقدار و کیفیت مواد غذایی است.

خواب و استراحت

تأمین سلامتی قلب و بدن مستلزم استراحت و خواب بموقع و کافی است. خواب یکی از مؤثرترین عوامل تجدید قوا ست. انقباض عضلات در هنگام خواب کاهش می یابد ، تنفس آهسته تر و عمیق تر می شود ، فشارخون شریانی کمتر می شود ، تعداد ضربان نبض کاهش می یابد و رگ های خونی پوست گشاد می شوند..هنگام خواب درجهٔ حرارت بدن نیز کاهش می یابد.

رعایت چند اصل ساده هنگام خواب ، به شما کمک می کند که خواب آرام و خوبی داشته باشید :۱ـ سعی کنید هرشب درساعت معینی به رختخواب بروید . ۲ـ سعی نکنید که شب ها تا آخرین لحظه ای که توان فعالیت (بدنی یا فکری) دارید بیداربمانید .

-151-

خوابیدن هم فعالیتی در برنامهٔ روزانهٔ شما ست که لازم است مقدماتی برای آن فراهم شود. البته نیاز به خواب در افراد مختلف متفاوت است. مقدار خواب لازم برای هرفرد ، با سن ، میزان فعالیت ، سلامتی و شرایط روحی او ارتباط دارد. اما به طور متوسط یک فرد بالغ در شبانه روز به ۶ ـ ۸ ساعت خواب نیاز دارد تا هنگام بیدارشدن احساس شادابی و نشاط کند. خواب بعدازظهرکه بین مردم طرفداران بسیاری دارد نیز مفید است. دقایقی استراحت بعداز فشارها و هیجانات کاری صبح ، قوای روحی وآمادگی برای فعالیت های دیگر را تقویت می کند.

ورزش

تحرک و ورزش نیازی است که با خمودگی روحی و جسمی مقابله می کند. یکی از مؤثر ترین شیوه های پیشگیری از بیماری های قلبی و عروقی ، ورزش است. ورزش مناسب باعث تقویت قلب می شود. در اثر حرکات ورزشی ، عضلات بدن و عضلهٔ قلب فعال تر می شوند، ضربان قلب افزایش می یابد و خون (اکسیژن و مواد غذایی) بیشتری به اندام ها می رسد. ورزش متناسب با سن ، جنس و وضعیت جسمی ـ روانی ، بر سیستم های عصبی فرد نیز اثر می گذارد. دویدن آهسته ، پیاده روی و شنا از ورزش هایی هستند که اثر مطلوبی بر افزایش سلامتی افراد دارند.

محیط کار و زندگی

تغذیهٔ بد ، افراط در فعالیت های جسمی ، مشغولیات ذهنی ، عدم تحرک و غیره سلامتی جسمی و روانی شخص را تهدید می کنند.

محیط های آلوده و پرسروصدا، کمبود تابش آفتاب و کمبود هوای تازه (نبودن اکسیژن کافی) نیز از عوامل محیطی مؤثر بر سلامتی انسان هستند.

کلیهٔ عوامل یاد شده ، نشان دهندهٔ این نکته هستند که شکل زندگی و الگوهای رفتاری رایج در جامعه با سلامتی افراد ارتباطی نزدیک دارند و هرفرد با رعایت برخی نکات ساده در شیوهٔ زندگی خود و خانواده اش می تواند سلامتی خود و جامعه اش را تأمین کند.

واژه 单词

ماسایی : 马塞人（名）

آفریقا : 非洲（名）

عروق : ج عرق 血管（名）

بیماری قلبی و عروقی : 心血管病（名）

تغذیه : 饮食（名）

نامساعد : 不良的，不利的（形）

نگهبانی : 看护，保护（名）

کلسترول : 胆固醇（名）

همسن : 同龄人（名）

آب نبات : 冰糖（名）

بیسکویت : 饼干（名）

ممنوع بودن : 禁止（动）

شهرنشين : 城市居民（名）

روماتيسم قلبی : 风湿性心脏病（名）

گلودرد : 咽喉炎（名）

ميكربی : 细菌性的（形）

عفونت : 感染（名）

تجويز شده : 许可的，准许的（形）

روانی : 心理的（形）

بالا بردن (را) : 提高（动）

دريغ كردن (از) : 拒绝，吝啬（动）

حياتی : 要害的（形）

مسلماً : 无疑地（副）

دستگاه گوارش : 消化系统（名）

دستگاه گردش خون : 血液循环系统（名）

ادرار : 尿（名）

دستگاه ادراری : 泌尿系统（名）

ميانسال : 中年人，中年的（名、形）

پرخوری : 大吃大喝（名）

احتمال: 可能（名）

ادويه : 调味品（名）

خردل : 芥末（名）

مواد محرک : 刺激性的食品（名）

فيزيكی : 体力的（形）

سکتهٔ مغزی : 脑梗（名）

تجمع چربی : 脂肪堆积（名）

کمر : 腰（名）

شکم : 肚子（名）

فربه : 胖的（形）

تحرک : 运动，活动（名）

بازده : 收益，效益（名）

سرحالی : 情绪饱满（名）

ظرفیت : 能量，潜能（名）

رعایت : 遵循（名）

کیفیت : 质量（名）

تجدید قوا : 恢复体力（名）

انقباض : 萎缩（名）

عضلات : ج عضله 肌肉（名）

شریانی : 动脉的（形）

ضربان : 跳动（名）

نبض : 脉搏（名）

رگ خونی گشاد شدن : 血管扩张（动）

متفاوت : 不同的（形）

به طور متوسط : 平均地（副）

بالغ : 成熟的（形）

نشاط : 高兴（名）

شادابی : 精力充沛，朝气蓬勃（名）

طرفدار : 支持者，拥护者，支持……的，拥护……的（名、形）

قوا : ج قوه 力气，力量（名）

تقویت کردن (را) : 增强，加强（动）

خمودگی : 无精打采，萎靡不振（名）

مقابله کردن (با) : 对付，抗衡（动）

اکسیژن : 氧气（名）

سیستم عصبی : 神经系统（名）

اثر گذاردن (بر) : 产生影响（动）

افراط : 超量，过度（名）

الگو : 模式，样子（名）

پرسش :

۱- چرا ماسایی ها به بیماری قلبی و عروقی مبتلا نیستند ؟

۲- روش نادرست تغذیه بر سلامتی انسان چه اثر می گذارد ؟

۳- چرا افراد چاق باید بیشتر مراقب خود باشند ؟

۴- بعد از ورزش برای انسان چه نتیجه ای می آورد ؟

۵- چرا باید به خواب اهمیت بدهیم ؟

۶- چگونه خود را از بیماری دور نگاه داریم ؟

翻译练习

1．心血管疾病是由不良的饮食习惯引起的。(ناشی از...بودن)

2．食用天然食品，让我们远离疾病。

3. 用盐过量对高血压患者是非常有害的。

4. 保持健康要注重食品的质量。

5. 保障身体健康需要足够合理的睡眠。

6. 有效的睡眠可以消除疲劳，恢复体力。

7. 过量地食用肉制品会增加患心脏病的可能。

8. 兴奋或紧张的工作之后，休息片刻，会使人精力充沛。

9. 步行、慢跑、游泳对于增强体质有良好的效果。

(۱) بهداشت و سلامتی

卫生与保健

برای سالم ماندن و سالم زیستن باید دشمنان سلامت انسان را بشناسیم . پیشرفت در بهداشت عمومی مانند واکسیناسیون ، تأمین آب سالم و گسترش خدمات پزشکی موجب کنترل بیماری های همه گیر شده است . اما اینک دشمنانی مانند سکته های قلبی و مغزی، سرطان، ایدز، و تصادفات رانندگی شایع شده اند.

الگوی تغذیه درسراسر دنیا نشان می دهد که سوء تغذیهٔ ناشی از فقرو بیماری های ناشی ازپرخوری و چاقی خطر بزرگی برای سلامتی آدم ها به حساب می آیند. عادت های غلطی مانند مصرف دخانیات و الکل نیز از دشمنان سلامتی شمرده می شوند. در واقع ، سالانه حدود ۵۶ میلیون نفر به دلیل همین بیماری های غیرواگیردار می میرند.

单词 واژه

接种疫苗（名）: واکسیناسیون

همه گیر : 传染的，流行性的（形）

ایدز : 艾滋病（名）

سوء تغذیه : 营养不良（名）

دخانیات : 烟草（名）

غیرواگیردار : 非传染性的（形）

(۲) بحران محیط زیست و مواد مخدر

环境危机与毒品

بحران محیط زیست

یکی از مهم ترین مشکلاتی که از نیمهٔ دوم قرن بیستم گریبان گیر همهٔ جهان شده است و کشورهای بزرگ صنعتی جهان در ایجاد آن دخالت مستقیم دارند ، تولید " گازهای گلخانه ای " است که استفادهٔ مطلوب از محیط زیست را برای انسان بسیار مشکل ساخته است . این گازها ، که عمدتاً شامل دی اکسید کربن و منواکسید کربن می باشند ، باعث نازک شدن لایهٔ اوزن شده و گرمای کرهٔ زمین را افزایش می دهند . علاوه براین ، مادهٔ دیگری نیز باعث تخریب لایهٔ اوزن می شود و آن گاز" کلروفلوئورکربن " (C.F.C) است که در کارخانه های یخچال سازی و غیره تولید می شود ، اثر این گاز برای لایهٔ اوزن زیانبارتر از دو گاز اکسید کربن است . با بالا رفتن دمای کرهٔ زمین پیش بینی می شود که اولاً درقسمت هایی از زمین، خشکسالی های زیاد به وقوع بپیوندند وازسوی دیگر یخ های قطبی آب شده و با بالا آمدن سطح آب دریاهای آزاد پاره ای ازسواحل کشورها به زیر آب بروند . درچنین حالتی ، به ویژه ، کشورهای درحال رشد را

دو خطر بزرگ تهدید خواهد کرد : اولاً خشکسالی مداوم باعث قحطی در آن ها می شود . ثانیاً بخش عظیمی از مساحت این کشورها را ، که در ساحل دریا هستند، آب فرا خواهد گرفت . با وجود برگزاری چند کنفرانس در زمینهٔ کاهش گازهای گلخانه ای و تصمیماتی که اکثر کشورها آن را پذیرفته اند ، آمریکا عدم پای بندی خود را به این تصمیمات اعلام کرده است .

مواد مخدر

موضوع دیگر که اهمیت آن کم تر از مسئلهٔ آلودگی محیط زیست نیست، بحران مواد مخدر است . در دوران معاصر ، دولت های استعمارگر برای ایجاد سستی و رخوت در ملت ها و عقب نگه داشتن آن ها ، مواد مخدر را به سرزمین های آن ها سرازیر کردند . جنگ تریاک که بین چین و انگلیس صورت گرفت نمونه ای از این پدیده است . از اوایل قرن بیستم ، کشت تریاک در مناطق صعب العبور جنوب شرقی آسیا سرعت گرفت و در همان زمان تولید کوکایین نیز در کشورهای آمریکای لاتین، افزایش یافت . در منطقهٔ خاورمیانه نیز، از سال ۱۹۶۰ به بعد ، کشت تریاک و تولید فرآورده های آن افزایش یافت . این امر به ویژه در دو دههٔ اخیر در افغانستان چشمگیر بوده است . در حال حاضر علی رغم هشدارهای فراوان سازمان بهداشت جهانی و نهادهای مشابه آن ، به دلیل نفوذ دست های پنهان و قوت قدرت باندهای تولید و توزیع مواد مخدر، روند ابتلای مردم دنیا به ویژه جوانان ، به مواد مخدر به گونهٔ وحشت آوری ادامه دارد .

单词 واژه

مواد مخدر : 麻醉品，毒品（名）

گریبان گیر ... بودن : 困扰……，纠缠……（动）

دخالت داشتن (در) : 干预，干涉（动）

عمدتاً : 大多数（副）

نازک شدن : 变薄（动）

منواکسید کربن : 一氧化碳（名）

تخریب : 破坏（名）

کلروفلوئورکربن : 氯氟碳化合物（名）

زیانبار : 有害的（形）

اکسید کربن : 氧化碳（名）

به وقوع پیوستن : 发生（动）

دریای آزاد : 公海（名）

کشوردرحال رشد : 发展中国家（名）

مساحت : 面积（名）

مداوم : 持续的（形）

قحطی : 歉收（名）

عدم پای بندی : 不履行（名）

معاصر : 现代的（形）

استعمارگر : 殖民者，殖民主义（名）

سستی : 萎靡不振（名）

软弱无力（名）：رخوت

后面，落后的（名、形）：عقب

鸦片（名）：تریاک

耕种（名）：کشت

难以通行的地区（金三角）（名）：مناطق صعب العبور

加快速度（动）：سرعت گرفتن

可卡因（名）：کوکایین

中东（名）：خاورمیانه

二十年（名）：دو دهه

阿富汗（名）：افغانستان

明显的（形）：چشمگیر

尽管……（连）：... علی رغم

警告（名）：هشدار

世界卫生组织（名）：سازمان بهداشت جهانی

渗透（名）：نفوذ

秘密的，隐藏的（形）：پنهان

强大（名）：قوت

集团（名）：باند

分配（名）：توزیع

进程（名）：روند

患上……，染上……（名）：... ابتلا به

-161-

درس شانزدهم

زلزله
地震

برای این که با مخاطرات طبیعی آشنا شویم، ابتدا لازم است که اسامی آنها را بیان کنیم بنابراین، زلزله ، آتش فشان ، سیل ، بهمن برف یا سنگ ، صاعقه ، خشکسالی ، طوفان ، تگرگ ، امواج شدید دریایی ، هجوم ملخ و بسیاری از این قبیل را می توانیم نام ببریم . یکی از راه های دسته بندی مخاطرات طبیعی از نظر علمی ، آن است که محل شکل گیری این حوادث را در نظر بگیریم .

طبقه بندی براساس نقشی است که انسان در مخاطرات طبیعی ایفا می کند . البته درمخاطرات طبیعی که انسان در ایجاد آنها نقشی ندارد مانند آتش فشان ، دخالت انسان می تواند در کاهش یا افزایش شدت خسارت ها مؤثر باشد .

از آنجا که درجهان بعضی از مخاطرات طبیعی مانند زلزله بیش از دیگرحوادث خسارت ایجاد می کنند ، در این جا ما به بررسی زلزله خواهیم پرداخت .

علت وقوع زلزله چیست ؟

درون زمین، مواد به صورت مذاب قرار دارند و دمای آنها بسیار زیاد است. پوستۀ زمین یکپارچه نیست بلکه در محل های معینی دارای گسستگی است. درزیراین صفحات ناپیوسته ، مادۀ سازندۀ پوستۀ زمین ، حالت پلاستیک داشته و تا اندازه ای خمیر مانند است . صفحات مزبور

-162-

ساکن نیستند بلکه روی مادهٔ خمیر مانند زیرین حرکت می کنند . این صفحات سه نوع حرکت دارند :

۱ـ یا از هم دور می شوند .

۲ـ یا به هم نزدیک می شوند .

۳ـ یا در امتداد هم می لغزند .

پوستهٔ قاره ها یکپارچه نیستند بلکه در بخش های مختلف دارای شکستگی هستند که محل این شکستگی ها را گسل می نامند . زلزله زمانی اتفاق می افتد که سنگ های ناحیه ای از پوستهٔ زمین ، مقاومت خود را در برابر نیروهایی که از درون زمین به آنها وارد می آید، از دست می دهند و به طور ناگهانی می شکنند و انرژی زیادی آزاد می شود.

از طرف دیگر تجزیهٔ مواد پرتوزا مانند اورانیوم در داخل زمین سبب تجمع انرژی در زمین می شود که گاهی در محل تماس دو پوسته یا گسل ها ، انرژی جمع شده ، امکان آزاد شدن می یابد. در اثر این واقعه ، پوستهٔ زمین به صورت موجی شکل بالا یا پایین می رود . هرچه سرعت و شدت این امواج بیشتر باشد خرابی و ویرانی ناشی از آن نیز بیشتر خواهد بود . عمق این انفجار زیر زمینی نیز به میزان ویرانی حاصله تأثیر می گذارد . یعنی هرچه عمق کانونی زلزله کمتر باشد ، شدت ویرانی بیشتر می شود و هرچه از مرکز زلزله دورتر شویم از قدرت تخریب آن کاسته می شود .

همهٔ زلزله ها خطرناک نیستند و بعضی از آنها اصلاً احساس نمی شوند بلکه فقط دستگاه های حساس آنها را ثبت می کنند . برای

اندازه گیری میزان خسارت زلزله (شدت) و هم چنین مقدار انرژیی که زلزله آزاد می کند (بزرگی) از دو مقیاس استفاده می کنند ، که به نام ریشتر و مرکالی معروف است .

پراکندگی زلزله ها در سطح کرهٔ زمین

مناطق عمدهٔ زلزله خیز جهان در محل حاشیه ، صفحات پوستهٔ زمین قرار دارند مهم ترین مناطق زلزله خیز جهان عبارتند از :

۱ـ کمربند کوهستانی آلپ ـ هیمالیا ، جایی که پوستهٔ تشکیل دهندهٔ قارهٔ آسیا ـ اروپا به پوستهٔ تشکیل دهندهٔ قارهٔ آفریقا و هند برخورد می کند.

۲ـ کمربند اطراف اقیانوس آرام یعنی محلی که پوستهٔ کف اقیانوس آرام به پوستهٔ قارهٔ آسیا ـ اروپا، آمریکای جنوبی ، استرالیا و آمریکای شمالی برخورد می کند .

۳ـ کمربند میانی اقیانوس اطلس یعنی جایی که پوستهٔ اقیانوس اطلس در حال گسترش است .

قبل از وقوع زلزله چه اتفاقی می افتد ؟ شاید اگر از بزرگترها این سؤال را بپرسید ، پاسخ می دهند که درچنین زمانی حیوانات متوحش می شوند . علت این امر نیز تفاوت در حساسیت حواس جانوران نسبت به انسان است. اما امروز با استفاده از وسایل پیشرفته ، انسان نیز می تواند بسیاری از علایم را در هنگام وقوع احتمالی زلزله دریافت کند.

علایم پیش بینی زلزله

۱ـ کاهش لرزش های کوچک زمین در محل های مستعد زلزله : زمین دایماً درحال لرزش است و این لرزش ها فقط توسط دستگاه های حساس لرزه نگار ثبت می شود . در زمانی که این لرزه ها متوقف شود ،

امکان تجمع انرژی بیشتر شده و ممکن است دراثر تخلیهٔ یکبارهٔ این انرژی ، لرزش شدید تر ، رخ دهد .

۲- تغییر در سطح آب های زیرزمینی : دراثر تغییر دما و فشار لایه‌های زیرین ، ممکن است سطح آب زیر زمینی شامل چاه ها ، چشمه ها و قنات ها بالا یا پایین برود که نشانه ای از وقوع احتمالی زلزله است .

۳- بیشتر شدن فاصلهٔ پوستهٔ زمین درمحل شکستگی ها و گسل ها : اندازه گیری فاصلهٔ بین شکستگی های پوستهٔ زمین به وسیلهٔ دستگاه‌های دقیق و یا کنترل محل گسل ها با استفاده ازعکس های هوایی و ماهواره ای ، راه دیگری برای پیش بینی احتمالی وقوع زلزله است .

بعد از وقوع زلزله چه اتفاقی می افتد ؟ آن چه که در اغلب زلزله ها سبب خسارت می شود و تلفات انسانی را بیشتر می کند ، تنها ویرانی ناشی از خود زلزله نیست بلکه مشکلاتی است که پس از وقوع زلزله رخ می دهد . مانند آتش سوزی ها ، انفجار لوله های گاز ، لغزش های زمین ، پس لرزه ها ، اتصال کابل های برق و ...گاهی تلفات بیشتری به بار می آورند .

单词 واژه

مخاطرات : ج مخاطره 危险（名）

بهمن برف : 雪崩（名）

تگرگ : 冰雹（名）

امواج شدید دریایی : 海啸（名）

ملخ : 蝗虫（名）

نام بردن (را) : 提到，谈及（动）

شکل گیری : 形成，组成（名）

دسته بندی : 分类（名）

طبقه بندی : 分类，划分（名）

براساس... : 根据……（介）

ایفا کردن (نقش را) : 履行，发挥，扮演（动）

یکپارچه : 整块的，整体的（形）

گسستگی : 断裂，破裂（名）

نا پیوسته : 不连续的，断裂的（形）

سازنده : 有益的，有作用的（形）

مزبور : 上述的（形）

لغزیدن (لغز) : 滑动（动）

گسل : 断裂（层）（名）

تجزیه : 分解（名）

پرتوزا : 产生射线的（形）

انفجار : 爆裂，爆炸（名）

حساس : 敏感的（形）

مقیاس : 标准（名）

ریشتر : 震级（名）

مرکالی : 烈度（名）

پراکندگی : 分布（名）

زلزله خیز : 地震多发的（形）

كمربند : 带（板块）（名）

آلپ : 阿尔卑斯山（名）

هيماليا : 喜马拉雅山（名）

قاره : 洲（名）

استراليا : 澳大利亚（名）

اقيانوس اطلس : 大西洋（名）

متوحش شدن : 受惊，害怕（动）

تفاوت : 差别，区别（名）

حساسيت حواس : 感觉灵敏（名）

لرزش : 抖动，震动（名）

مستعد : 有潜能的，有能量的（形）

لرزه نگار : 地震仪（名）

قنات : 地下水井（名）

تلفات : ج تلف 伤亡，损失（名）

رخ دادن : 发生（动）

آتش سوزی : 火灾（名）

لغزش زمين : 滑坡，泥石流（名）

پس لرزه : 余震（名）

اتصال : 连接（名）

كابل : 电缆（名）

به بار آوردن (را) : 造成，带来（动）

پرسش :

١ـ مخاطرات طبيعی يعنی چيست؟

۲- زلزله بیشتر درچه مناطقی اتفاق می افتد ؟
۳- علت وقوع زلزله چیست ؟
٤- کدام یک ازمخاطرات طبیعی در استان محل زندگی شما بیشتر اتفاق می افتد ؟ چرا ؟

翻译练习

1. 中国在国际事务中发挥着越来越重要的作用。
2. 随着科学的不断进步，人类利用先进仪器可以预报地震发生的可能。
3. 人类已经能够发现地震发生前的一些征兆。
4. 大地震发生后，人们要应对多次的余震。
5. 由于地下深处岩层错动、破裂导致了地震。
6. 岩浆活动、火山喷发、气体爆炸也会引发地震。
7. 三级以下地震人没有感觉，五级以上地震具有不同程度的破坏性。

(۱) باران اسیدی

酸雨

یکی از آثار و نتایج آلودگی هوا باران اسیدی است . باران اسیدی بارانی است که حاوی ترکیبات شیمیایی بسیار خطرناک است . دردو دهۀ اخیر(دربرخی نواحی صنعتی) براثر فعالیت های کارخانه ها میزان دی اکسید گوگرد و دی اکسید ازت در هوا افزایش یافته است . این دو ماده در آتمسفر با اکسیژن و بخار آب واکنش شیمیایی ایجاد

می کند و به صورت <u>اسید سولفوریک</u> و <u>اسید نیتریک</u> در می آید . این ذرات اسیدی مسافت های طولانی را به وسیلهٔ باد طی می کنند و به صورت باران اسیدی بر سطح زمین فرو می ریزند . چنین بارش هایی ممکن است به صورت برف ، باران یا مه نیز در بیاید .

پی آمدهای باران اسیدی چیست ؟

۱- باران اسیدی باعث از بین رفتن بناها و آثار تاریخی بخصوص در ساختمان هایی که از سنگ مرمر یا آهک ساخته شده باشند ، می شود .

۲- باران اسیدی میزان حاصلخیزی خاک را کاهش می دهد و حتی ممکن است مواد سمی را وارد آن کند .

۳- باران اسیدی موجب نابودی درختان و کاهش مقاومت آنها بخصوص در برابر سرما می شود .

واژه 单词

باران اسیدی : 酸雨（名）

دی اکسید گوگرد : 二氧化硫（名）

دی اکسید ازت : 二氧化氮（名）

واکنش شیمیایی : 化学反应（名）

اسید سولفوریک : 硫酸（名）

اسید نیتریک : 硝酸（名）

مسافت : 距离（名）

طی کردن (را) : 经历，走过（动）

مه : 雾（名）

سنگ مرمر : 大理石（名）

آهک : 石灰（名）

حاصلخیز : 肥沃的（形）

سمی : 有毒的（形）

(۲) دزدی مسلحانه

武装抢劫

سارقان مسلح بانک های ارومیه که قبلاً به جنایتی دست زده بودند ، دستگیر شدند. این گروه مسلح که در پی قتل رانندۀ تاکسی تلفنی تحت تعقیب قرار گرفته بودند ، هنگام سرقت از بانک در یک اقدام پلیسی دستگیر شدند. روز سه شنبه به پلیس ۱۱۰ اطلاع داده شد که سه سارق نقابدار مسلح به بانک میدان مولوی حمله کرده اند . با به صدا درآمدن آژیر بانک ، سارقان به رئیس بانک تیراندازی کردند و پا به فرار گذاشتند. باعملیات تعقیب و گریز ، مأموران پلیس توانستند دو نفر از سارقان را در یک اتومبیل مسروقه به دام بیاندازند و نفر سوم را که درچاه خانه ای پنهان شده بود ، دستگیر کردند.

单词 واژه

سارق : 盗窃犯（名）

مسلح : 武装的（形）

جنایت : 罪行，犯罪（名）

تحت تعقیب قرار گرفتن : 受到追捕，受到追踪（动）

سرقت : 盗窃，抢劫（名）

نقابدار : 带面具的（形）

آژیر : 警报，报警（名）

گریز : 逃跑（名）

مسروقه : 被盗窃的（形）

به دام انداختن (را) : 抓捕，使……落网(动)

درس هفدهم

سفرنامهٔ ابن بطوطه

伊本·白图泰游记

ابن بطوطه (۱۳۰٤ـ ۱۳۷۸ میلادی) عالم و جهان گرد مشهور، در بیست و دو سالگی به قصد زیارت خانهٔ خدا از طنجه ـ شهری بندری در مراکش ـ خارج شد . این سفر مقدمهٔ سفرهای دیگر ابن بطوطه شد که به مدت سی سال به طول انجامید و او توانست در این مدت با سرزمین های بسیاری در شرق و غرب جهان آشنا شود و حتی به چین نیز رود.

ابن بطوطه درسال ۱۳۵۳ میلادی به مراکش بازگشت . سلطان مراکش از او تجلیل کرد و به دبیر خود فرمان داد که داستان ها و شرح سفر ابن بطوطه را ثبت و ضبط کند. بدین ترتیب ، سفرنامهٔ ابن بطوطه با عنوان رحلهٔ ابن بطوطه پدید آمد. دقت نظر، واقع بینی و توصیف های ابن بطوطه ، سفرنامهٔ او را در زمرهٔ یکی از بهترین و جالب توجه ترین سفرنامه ها درآورده است . بخشی از این سفرنامه را به ترجمهٔ دکتر محمدعلی موحد می خوانیم :

*   *   *

مدرسهٔ امام شوشتری

در تستر (شوشتر) درمدرسهٔ امام شرف الدین منزل کردم. این شیخ مردی بود با مکارم اخلاق و فضایل بسیار و جامع بین مراتب دین و دانش . وی مدرسه و زاویه ای بنا نهاده که در آن چهار خادم به نام های

-172-

سنبل و کافور و جوهر و سرور به خدمت مشغول بودند. از این چهار تن یکی مأمور اوقاف و دیگری کارپرداز و سومی خادم سماط و مأمور تنظیم برنامهٔ غذا و چهارمی مأمور سرکشی به آشپزها و سقاها و فراش ها بود .

من شانزده روز دراین مدرسه ماندم . نه نظم و ترتیب آن را درجایی دیده ام و نه لذیذ ترازغذاهای آن جا غذایی خورده ام . به هرکس به اندازهٔ خوراک چهار تن غذا می دادند. خوراک نوعاً عبارت بود از برنج با فلفل که با روغن پخته بودند به اضافهٔ جوجهٔ بریان و نان و گوشت و حلوا .

شیخ مزبور، هم ازحیث صورت و هم از جهت سیرت ممتاز بود. روزهای جمعه پس از نماز در مسجد جامع به منبرمی رفت و من که مجلس وعظ او را دیدم ،همهٔ وعاظ دیگر که در حجاز و شام و مصر دیده بودم در نظرم ناچیز نمودند و از کسانی که من به ملاقات آنها رسیده ام ، کسی را نظیر او ندیده ام . روزی درباغی از آن وی که در کنار رودخانه واقع است ، در محضر او بودم . فقها و بزرگان شهر حاضر بودند. دراویش هم از هر گوشه و کنار درآن جا گرد آمده بودند. شیخ همه را اطعام کرد و نماز ظهر را با جماعت به جای آورد و سپس به خطبه و موعظه پرداخت. پیش از آن که شیخ به سخن آغاز کند؛ قاریان با آهنگ های محزون و نغمه های مهیج به قرائت مشغول بودند. شیخ خطبه را درنهایت سکون و وقار ادا می کرد وسخن خود را با اشاراتی از فنون مختلف تفسیر و حدیث و غیره چاشنی می داد. پس از پایان موعظه از هرسو رقعه ها به او فرستادند. چه رسم ایرانی ها

براین است که سؤالات خود را در رقعه ها می نویسند و به سوی واعظ می اندازند و او یکایک ، پرسش ها را پاسخ می دهد . چون رقعه ها به شیخ می رسید ، او همه را در دست جمع می کرد تا در پایان یکایک ، آنها را بر گشود و جواب های بسیار بجا و مناسب داد. در این هنگام ، وقت نماز عصر فرا رسید و او به نماز پرداخت . مردم هم اقتدا کردند و پس از نماز هرکس به خانهٔ خود رفت .

صید مروارید

مراکز صید مروارید بین جزیرهٔ <u>کیش</u> و <u>بحرین</u> در خلیج راکدی که همچون رودخانه ای بزرگ به نظر می رسد ، واقع شده است . درماه های آوریل و مه غواصان با زورق های متعدد به این ناحیه آمده به صید مروارید می پردازند. بازرگانان <u>فارس</u> و بحرین و <u>قطیف</u> هم برای خرید مروارید های صید شده به آن جا می آیند. غواص هنگام فرو رفتن به دریا چهرهٔ خود را با پوششی که از استخوان سنگ پشت درست شده می پوشاند و آلتی مقراض مانند که هم از آن استخوان ساخته شده بر دماغ خود نصب می کند و طنابی بر کمر می بندد و در آب فرو می رود . قدرت مقاومت غواصان در زیر آب متفاوت است و برخی از آنان می توانند تا یکی دو ساعت تمام زیر آب بمانند .

غواص چون به قعر دریا می رسد ، درمیان سنگ های کوچکی که روی ریگ ها قرار گرفته اند به جست و جوی صدف می پردازد و آن را با دست یا با آلت آهنین مخصوصی که دارد قطع کرده در کیسه ای چرمین که بر گردن خود آویخته می اندازد و هرگاه نفسش تنگ شد طناب را حرکت می دهد تا رفیق او که در بیرون سر طناب را به دست

دارد او را بالا بکشد . پس از شکافتن صدف ، گوشت پاره ای از درون آن درمی آید که آن را قطع می کنند . این گوشت پاره در مجاورت هوا حالت جمادی به خود می گیرد و مروارید می شود. از کلیهٔ مروارید- هایی که صید می کنند ، خمس آن متعلق به سلطان است و بقیه را بازرگانان می خرند و اغلب بازرگانان مروارید را پیش خرید می کنند و غواصان که بدهکار می باشند ، هرچه درصید به دست آورند ، در ازای دین خود به بازرگانان می دهند .

شعر فارسی چین

... یک امیرالامرای چین ، ما را در خانهٔ خود مهمان کرد و دعوتی ترتیب داد که آن را " طی " می نامند و بزرگان شهر در آن حضور داشتند. دراین مهمانی آشپزهای مسلمان دعوت کرده بودند که گوسفندها را ذبح کرده غذا را پختند. این امیر با همهٔ عظمت و بزرگی که داشت ، به دست خود به ما غذا تعارف می کرد و قطعات گوشت را به دست خود از هم جدا می کرد و به ما داد . سه روز درضیافت او به سر بردیم . هنگام خداحافظی پسر خود را به اتفاق ما به خلیج فرستاد و ما سوار کشتی شدیم و پسر امیر درکشتی دیگری نشست . مطربان و موسیقی دانان نیز با او بودند و به چینی وعربی و فارسی آواز می خواندند. امیرزاده آوازهای فارسی را خیلی دوست می داشت و آنان شعری به فارسی می خواندند. چندین بار به فرمان امیرزاده آن شعر را تکرار کردند. چنان که من از دهانشان فرا گرفتم و آن آهنگ عجیبی داشت و چنین بود :

تا دل به مهرت داده ام   در بحر فکر افتاده ام
چون در نماز استاده ام   گویی به محراب اندری

واژه 单词

زیارت : 朝圣，朝觐（名）

مراکش : 摩洛哥（名）

به طول انجامیدن : (انجام) 历时，持续（动）

سلطان : 君主，国王（名）

تجلیل کردن (از) : 赞赏（动）

ثبت و ضبط کردن (را) : 记录，记载（动）

رحله : 游记（名）

دقت نظر : 细心观察（名）

واقع بینی : 现实主义（名）

درزمرهٔ ... درآوردن (را) : 跻身于……之列（动）

جالب توجه : 值得关注的（形）

منزل کردن : 住下，居住（动）

شیخ : 长老，教长（名）

مکارم اخلاق : 美德（名）

فضایل : ج فضیلت 学问，学识（名）

مراتب : ج مرتبه 等级（名）

زاویه : 祠堂，殿（名）

بنا نهادن : (نه) 奠基，建造（动）

سنبل : 风信子（名）

جوهر : 本质，精髓；墨水（名）

سرور : 欢乐，愉快（名）

اوقاف : ج وقف 捐赠给慈善机构的财产或地产（名）

کارپرداز : 管理者（名）

سماط : 餐饮（服务）（名）

سرکشی : 视察，巡查（名）

سقا : 供水者（名）

فراش : 男仆（名）

فلفل : 辣椒（名）

جوجهٔ بریان : 烤鸡（名）

سیرت : 行为，品行（名）

ممتاز : 杰出的，优秀的（形）

به منبر رفتن : 走上讲台（动）

وعظ و موعظه (کردن) : 说教，劝诫（名）

وعاظ : ج واعظ 说教的，传教士（形、名）

حجاز ： 希贾兹 （今沙特阿拉伯）（名）

شام : （旧）叙利亚（名）

ناچیز : 微不足道的（形）

ملاقات : 会见，会晤（名）

محضر : 出席，在场（名）

فقها : ج فقیه 宗教法学家（名）

دراویش : ج درویش 苦行僧（名）

اطعام کردن (را) : 招待（动）

جماعت : 集体，全体（名）

به جای آوردن (را) : 履行（动）

خطبه : 布道，传教（名）

قاری : 《古兰经》诵读者（名）

محزون : 低沉的，伤感的（形）

مهیج : 激动人心的（形）

ادا کردن (را) : 完成，执行（动）

سکون : 安静，平静（名）

در نهایت سکون : 极其安静地（副）

وقار : 庄重，严肃（名）

تفسیر : 注释，解释（名）

حدیث : 圣训（名）

چاشنی دادن (را) : 调味（动）

رقعه : 便笺，便条（名）

برگشودن : (بر گشای) 打开（动）

اقتدا کردن : 跟随，效法（动）

صید مروارید : 采集珍珠（名）

جزیرهٔ کیش : 基什岛（名）

بحرین : 巴林（名）

غواص : 潜水员（名）

زورق：船，小艇（名）

مقراض：剪刀（名）

آلت：工具（名）

دماغ：鼻子（名）

طناب：绳子（名）

قعر：底，底处（名）

ریگ：小石子（名）

جستجو：寻找（名）

قطع کردن (را)：切开，割开（动）

نفس تنگ شدن：呼吸困难（动）

کیسه：袋子（名）

مجاورت：接近，靠近（名）

جمادی：固体的（形）

خمس：五分之一（名）

متعلق به ... بودن：属于……（动）

پیش خرید کردن (را)：预购（动）

بدهکار بودن：负债，欠债（动）

درازا ...：面对……（介）

دین：债（名）

امیر الامرا：酋长首领（名）

طی：درزبان ترکی به معنی جشن عروسی 宴庆（名）

حضور داشتن：出席，在场（动）

ذبح کردن (را) : 屠宰，宰杀（动）

تعارف کردن : 请客，招待（动）

ضیافت : 宴会（名）

به اتفاق ... : 与……一起，与……一同（副）

مطرب : 歌手（名）

آهنگ : 曲调（名）

مهر : 爱（名）

بحر : 海，海洋（名）

محراب : 清真寺中的壁龛（名）

پرسش :

۱- شیخ چگونه مردی بود ؟

۲- امروزه جزیرهٔ کیش در اقتصاد ایران چه نقشی دارد ؟

翻译练习

1. 经济的快速发展使中国跻身世界较发达国家的行列。

   (در زمرهٔ ... درآوردن)

2. 人们纷纷赞赏杨利伟为中国航天事业做出的杰出贡献。

3. 校庆日，学校在办公楼礼堂招待来自全国各地的校友。

4. 不管是教学，还是科研，他都做得很好，一直受到大家的好评。

5. 学校严格执行教育部规定的招生计划。

6. 宣誓仪式是在极其庄严肃穆的气氛中举行的。

7. 流感期间，我们要多锻炼身体，增强抵抗力！

8. 图书馆向出版社预购了多种科技图书。

9. 小李向银行贷款买了属于自己的房子。(از بانک وام گرفتن)

10. 我欠你的一千元钱，明天就还给你。(بدهکار بودن)

(۱) ظهور بودا
佛教的产生

در فاصلهٔ رواج وداها تا ظهور بودا (۴۸۵ ـ ۵۶۵ ق . م) ، آیین ها و اندیشه های بسیاری در هند گسترش یافته بود که اغلب آن ها مراسم سخت و طاقت فرسایی را بر پیروان خود تحمیل می کردند و با خرافات بسیاری همراه بودند . عده ای ازمردم ، اعتقاد خود به دستورهای دینی را از دست داده بودند . برهمنان بیش از پیش قدرت یافته بودند و بر زندگی مردم تسلط داشتند. دراین شرایط ، درخانواده ای اشرافی فرزندی متولد شد که اورا سیدارتا (Siddarta) نامیدند . سیدارتا درمحیطی سرشار ازنعمت های دنیوی ، بزرگ شد ، ازدواج کرد و صاحب فرزند شد اما اندیشهٔ مداوم او دربارهٔ بیماری ، پیری و مرگ سرانجام موجب شد تحول عمیقی در اندیشه های وی پدید آید . پس شهر و دیار خود را ترک کرد و هم چون برخی برهمن ها در انزوا به ریاضت پرداخت اما بعد از مدتی احساس کرد که از این طریق به آن چه می خواهد نرسیده است .

بنابراین ، شیوه های رایج ریاضت را که اساس آن عبارت از انزوا و روزه های طاقت فرسا بود ، ترک کرد . سرانجام ، روزی در زیر یک درخت احساس کرد به آرامش رسیده و راه درست زندگی را

دریافته است . از آن پس ، سیدارتا که به بودا (نجات یافته ، روشن شده) معروف شده بود ، پیروانی یافت و به تبلیغ اندیشه های خود پرداخت . بودا با قربانی کردن حیوانات ، تناسخ و ... مخالف بود ؛ به همین دلیل، برهمنان با او دشمن شدند و با عقایدش به مخالفت پرداختند.

单词 واژه

ظهور : 产生（名）

بودا : 佛，佛陀（名）

آیین : 信仰，学说（名）

ودا : 吠陀（名）

برهمن : 婆罗门教徒，印度教僧侣（名）

سیدارتا : 悉达多（名）

تحمیل کردن (را، به) : 强加（动）

خرافات : 迷信（名）

تسلط داشتن (بر) : 控制，掌握（动）

متولد شدن : 出生（动）

نعمت : 恩赐，福利（名）

دنیوی : 人间的，世俗的（形）

دیار : 国土（名）

انزوا : 隐居（名）

ریاضت : 修行，修练（名）

قربانی کردن : 宰牲（动）

تناسخ : 生死轮回（名）

مخالف بودن (با) : 反对（动）

(۲) جادهٔ ابریشم

丝绸之路

آیا از جادهٔ ابریشم چیزی می دانید ؟ این جاده تقریباً مشهورترین جادهٔ جهان است . جادهٔ ابریشم از چین آغاز می شد و پس از عبور از مناطق مرکزی آسیا ، از ایران می گذشت و سرانجام به دریای مدیترانه منتهی می شد .

درطول قرن های متمادی ، کالاهای چین ، هند ، ایران و اروپا از طریق این جاده مبادله می شد . ازچین - به ویژه - ابریشم و دارچین ، از ایران انواع میوه ها و منسوجات و از اروپا ، اجناس شیشه ای و بلوری صادر می شد. به علاوه از این جاده بسیاری از گل ها و گیاهان آسیا به اروپا شناسانده شد . ازآن جا که ایران درمسیر جادهٔ ابریشم قرار داشت ، حکومت های ایران درزمان اشکانیان و بعدها ساسانیان درآمد خود را از طریق راه ابریشم کسب می کردند. اروپایی ها بارها کوشیدند تا خود مستقیماً - یعنی بدون واسطه - با چینی ها کالاً مبادله کنند اما موفق نشدند. از این جاده علاوه بر بازرگانان ، سفیران چینی ، ایرانی و اروپایی نیز رفت و آمد می کردند.

درآن زمان، شتر بهترین وسیله برای مسافرت بود . کاروان های متعدد مرکب از ده ها شتر که بر پشت آن انواع کالاها سوار بود ، در راهی قدم می نهادند که ازمیان بیابان ها و تنگه های بسیارمی گذشت. درآن زمان ، سفر، کاری پرمخاطره بود؛ زیرا کاروان ها علاوه بر

عوامل طبیعی مانند سرما یا گرما ، توفان و... ممکن بود مورد حملهٔ راهزنان نیز قرار گیرند. به همین دلیل ، امنیت راه ها برای حکومت ها اهمیت زیادی داشت و همواره بخشی از سپاهیان خویش را برای ایجاد امنیت آن اعزام می کردند.

درمسیر جادهٔ ابریشم ، شهرها و روستاهای بسیاری وجود داشت که همواره شاهد آمد و رفت کاروان ها بودند. مشهور است که در جادهٔ ابریشم علاوه بر کالاهای اقتصادی ، آیین ها و اندیشه ها نیز مبادله می شد ؛ بدین معنی که مردم سرزمین های مختلف با سفر به مناطق دور و نزدیک ، هم با آداب و رسوم سایر مردمان آشنا می شدند و هم آداب و رسوم خود را به دیگران منتقل می کردند. گاهی برخی از آن ها در سرزمینی که بدان مسافرت می کردند باقی می ماندند و به وطن خویش باز نمی گشتند. بدین ترتیب، طی قرن ها ، آیین ها و اندیشه های ملل مختلف به سرزمین های گوناگون راه می یافت و منتشر می شد.

جادهٔ ابریشم قرن ها پس از اشکانیان و ساسانیان نیز اهمیت بسیاری داشته است تا این که در عصر اکتشافات جغرافیایی ـ که درتاریخ اروپا به این عصر معروف است ـ با کشف راه های دریایی به تدریج از اهمیت آن کاسته شد. امروزه پژوهشگران بسیاری دربارهٔ جادهٔ ابریشم و نقش آن در آشنایی ملت ها با یکدیگر به مطالعه می پردازند و حتی کشورهای واقع شده درمسیر این جاده از احیای آن سخن می گویند.

واژه 单词

ابریشم : 丝绸（名）

منتهی شدن (به) : 结束（动）

دارچین : 桂皮（名）

اجناس : ج جنس　货物，商品（名）

بلوری : 水晶的（形）

اشکانیان : 安息王朝（名）

ساسانیان : 萨珊王朝（名）

واسطه : 中介（名）

سفیر : 使节，大使（名）

مرکب از... : 由……组成的（形）

تنگه : 峡谷（名）

پرمخاطره : 充满危险的（形）

راهزن : 强盗（名）

سپاه : 军队，部队（名）

پژوهشگر : 研究者，研究员（名）

احیا : 恢复（名）

درس هجدهم

تغذیه
饮食

چرا غذا می خوریم ؟ غذا نیاز ما را به ماده و انرژی تأمین می کند :
ماده برای رشد کردن و ترمیم موادی که همیشه در بدن ما درحال
تجزیه و جانشینی هستند و انرژی برای انجام کارهای زیستی . غذای
گیاهان با غذای جانوران متفاوت است. گیاهان انرژی مورد نیازخود را
از غذاها به دست نمی آورند ، بلکه آن را از نور آفتاب دریافت می کنند.
بنابراین غذای گیاهان، مواد معدنی ، آب و دی اکسیدکربن است .حال ما
با بعضی غذاهایی که انسان ها مصرف می کنند، آشنا می شویم .
غذاها

غذا و عادت های غذایی ، درقسمت های مختلف جهان متفاوت است.
آن چه مردم مصرف می کنند ، گاه وابسته به توانایی آنان درتهیهٔ
غذا ست ، نه نوع نیاز یا چیزی که دوست دارند.
آن چه می خوریم باید مجموعه ای از مواد زیر باشد :هیدرات های
کربن ، چربی ها ، پروتیین ها ، آب ، مواد معدنی و ویتامین ها.
هیدرات های کربن

قندها : قندها انرژی زا هستند. مقدار و نوع قندها درغذاهای مختلف
متفاوت است... بیشتر قند و شکری که مصرف می کنیم از چغندرقند
یا نیشکر به دست می آید. در ریشهٔ چغندرقند و ساقهٔ نیشکر ساکارز
ذخیره می شود. شیره ای را که از این بخش ها استخراج می شود،
تصفیه و سپس خشک می کنند و به صورت بلور در می آورند.

-186-

نشاسته : بیشترنان ، برنج و سیب زمینی از نشاسته است. نشاسته نیز انرژی زا ست . نشاسته به صورت دانه هایی در سلول های گیاهی ذخیره می شود . هر دانه نشاسته از تعداد فراوانی مولکول نشاسته ساخته شده است . دانه های نشاسته را پوششی احاطه می کند. این پوشش هنگام پخته شدن پاره می شود و این امر گوارش مولکول های نشاسته را آسان تر می کند.

سلولز :... دربدن ما آنزیمی که سلولز را تجزیه کند ، به وجود نمی آید . سلولزی که درغذاهای ما وجود دارد ، تجزیه و جذب نمی شود و انرژی آن در اختیار بدن قرار نمی گیرد؛ اما وجود سلولزدرغذاها به مقدار مناسب لازم است. زیرا سبب می شود که مواد غذایی به طورمنظم از روده ها بگذرد و عمل دفع آسان شود. رشته‌ های سلولزی موجود درغذاها الیاف نام دارند. الیاف موجود درغذاها از ابتلا به یبوست و سرطان رودۀ بزرگ نیز جلوگیری می کنند. میوه ها ، سبزی ها، نان سبوس دار منابع مناسبی برای الیاف هستند. به همین دلیل خوردن چنین غذاهایی توصیه شده است .

چربی ها

چربی درغذاهای گیاهی و نیز جانوری وجود دارد. چربی های جانوری در دمای معمولی جامد هستند. چربی های گیاهی معمولی، بیشترمایع هستند و روغن نام دارند، مانند روغن ذرت و روغن زیتون.

چربی ها نیز مانند هیدرات های کربن انرژی زا هستند. محل عمدۀ ذخیرۀ چربی ها دربدن انسان بیشتر درزیر پوست است. تجمع چربی درزیرپوست،علاوه بر تأمین انرژی ، به گرم ماندن بدن کمک می کند.

انواع فراوانی چربی موجود است . چربی های مایع(روغن) زودتر

-187-

و آسان تر از چربی های جامد (جانوری) گوارش می یابند. بنابراین توصیه شده است که از روغن های گیاهی بیشتر در غذاها استفاده کنیم. مقدار کلسترول موجود در روغن های گیاهی بسیار کم است .

کلسترول نوعی لیپید است که به طور طبیعی دربدن ما وجود دارد، وظایفی نیز انجام می دهد واساساً مادهٔ مفیدی است .اما اگر مقدار آن دربدن افزایش یابد ، احتمال مبتلا شدن به بیماری های قلب و رگ ها افزایش می یابد. زردهٔ تخم مرغ مقدار زیادی کلسترول دارد.

پژوهشگران به این نتیجه رسیده اند که خوردن چربی های جامد باعث افزایش ، اما خوردن چربی های مایع باعث کاهش کلسترول بدن می شود. بنابراین برای سالم ماندن ، خوردن روغن های گیاهی مناسب تر است.

اثرهای بد چربی های حیوانی از کودکی آغاز می شود ، بنابراین توصیه شده است که کودکان کم تر از چربی های جامد ، تغذیه کنند .

چربی ها علاوه برتأمین انرژی ، درساختار سلول نیز شرکت دارند.

پروتیین ها

بسیاری از غذاها پروتیین دارند ، اما غذاهایی مانند گوشت، تخم مرغ و شیر سرشار از پروتیین هستند . پروتیین شیر و تخم مرغ به صورت محلول، اما پروتیین گوشت به صورت رشته هایی جامد است.

پزشکان توصیه کرده اند که هر یک از ما باید در هر روز، در حدود ۷۰ گرم پروتیین بخوریم تا سالم بمانیم؛ اما بسیاری از افراد به این مقدار پروتیین نیز دسترسی ندارند. مردم کشور های ثروتمند بیشتر از این مقدار و مردم کشورهای فقیر کم تر از این مقدار، پروتیین مصرف می کنند. کمبود پروتیین در کودکان در حال رشد ، سبب بیماری کمبود پروتیین یا

کواشیورکور ، می شود.

آب

آب برای زندگی ضروری است، بنابراین باید روزانه مقداری آب بنوشیم یا از غذاهایی که در آنها مقادیرلازم آب وجود دارد، تغذیه کنیم. انسان بدون غذا تا چند هفته زنده می ماند، اما بدون آب ، چند روز بیشتر عمر نمی کند.

بیشتر آبی که بدن ما احتیاج دارد از طریق آشامیدن آن دریافت می شود، آب درغذاهای مختلف وجود دارد ، مثلاً :۹۰ درصد کاهو وکلم آب است . حتی آب موجود درنان به ۴۰ درصد می رسد. بعضی جانوران درعمر خود هرگز آب نمی نوشند ، بلکه از آب موجود در غذاهای دیگر استفاده می کنند.

امروزه کمبود آب درجهان به مسئله ای جدی تبدیل شده است. کم آبی باعث از بین رفتن محصولات کشاورزی و از بین رفتن دام ها نیز می شود .

单词 واژه

تجزیه کردن (را) : 分解（动）

جانشینی : 代谢（名）

مواد معدنی : 矿物质（名）

هیدرات کربن : 碳水化合物（名）

ویتامین : 维他命（名）

قند : 糖（名）

انرژی زا : 产生能量的（形）

چغندرقند : 甜菜（名）

ریشه : 根（名）

ساکارز : 蔗糖（名）

ذخیره شدن : 储存（动）

شیره : 汁，液（名）

صورت بلور : 晶体（名）

نشاسته : 淀粉（名）

سیب زمینی : 土豆（名）

سلول : 细胞（名）

مولکول : 分子（名）

احاطه کردن (را) : 包围（动）

پخته شدن : 煮（动）

پاره شدن : 破裂（动）

گوارش(یافتن) : 消化（名，动）

سلولز : 纤维素（名）

آنزیم : 酶（名）

جذب شدن : 吸收（动）

عمل دفع : 排泄行为（名）

الیاف : 纤维（名）

یبوست : 便秘（名）

سبوس دار : 含麦麸的（形）

دمای معمولی : 常温（名）

ذرت : 玉米（名）

لیپید : 脂类化合物（名）

زردهٔ تخم مرغ : 蛋黄（名）

تغذیه کردن : 吃，供养（动）

ساختار : 构造，构建（名）

محلول : 溶化的，溶解的（形）

کواشیورکور : 浮肿（名）

عمر کردن : 活，生活（动）

کاهو : 生菜（名）

کلم : 白菜（名）

پرسش :

۱- انسان برای زنده ماندن چه موادی را مصرف می کند ؟

۲- کدام غذاها مقدار بیشتر پروتیین را دارند ؟

۳- کدام غذاها مقدار بیشتر هیدرات کربن را دارند ؟

۴- کدام غذاها مقدار بیشتر آب را دارند ؟

۵- چرا وجود سلولز در غذاها به میزان مناسب لازم است ؟

۶- برای کسی که می خواهد از بیماری های قلبی دوری کند ، کدام غذا را توصیه می کنید ؟

۷- برای کسی که فقط از غذاهای گیاهی تغذیه می کند ، خوردن کدام غذاها را توصیه می کنید ؟

翻译练习

1. 我们每天从食物中获取所需的能量。
2. 从甘蔗中提取汁液，经过提炼烘干，最后变成晶体。
3. 淀粉以颗粒形状储存在植物的细胞内。
4. 要少吃动物脂肪含量高的食物，它不容易消化。
5. 食物中的纤维可以防止有些疾病的产生。
6. 人体内胆固醇含量超标，有可能得心血管疾病。
7. 为了保持健康，医生推荐多食用植物油，如橄榄油、玉米油等。
8. 不发达国家的儿童每天得不到足够的蛋白质。(دسترسی داشتن)

(۱) ارزش غذایی ترب

萝卜的食用价值

ترب ، یکی از انواع سبزی ها است . با استفاده از ترب بدن ما انرژی می گیرد. ترب مقداری پروتیین ، فسفر ، کلسیم و پتاسیم دارد.

هم چنین در ترب مقدار زیادی ویتامین " آ " و " ث " وجود دارد.

ترب ، کار روده ها را آسان می کند و اشتها را زیاد می کند. ترب برای معده های ضعیف مفید است . هم چنین کسانی که به ناراحتی کیسه صفرا و سنگ کلیه مبتلا هستند ، خوب است که ترب بخورند. بهتر است به ترب نمک بزنید و آن را همراه غذا بخورید. خوردن ترب سیاه برای کسانی که بعد از غذا در معدۀ خود احساس سنگینی می کنند، مفید است .

در این جا راه درست کردن یک نوع سالاد ترب را به شما معرفی می کنیم .

سالاد ترب و تخم مرغ

مواد لازم

کاهو : یک عدد ، تخم مرغ آب پز : چهارعدد ، ترب خرده شده : نصف فنجان ، سس : ۲ قاشق غذاخوری ، آب لیمو و نمک .

۱- کاهو را برگ برگ و خرد کنید.

۲- تخم مرغ ها را به هرشکلی که می خواهید ببرید .

۳- تخم مرغ ها را با ترب در ظرف به سلیقهٔ خود بچینید .

٤- سس را روی سالاد بریزید و به آن نمک بزنید .

٥- اگر میل داشتید ، کمی آب لیمو روی آن بریزید .

单词 واژه

ترب : 萝卜（名）

فسفر : 磷（名）

کلسیم : 钙（名）

پتاسیم : 钾（名）

اشتها : 胃口，食欲（名）

معده : 胃（名）

کیسهٔ صفرا : 胆囊（名）

سنگ کلیه : 肾结石（名）

ترب سیاه : 红萝卜（名）

سالاد : 色拉（名）

سس : 调味汁（名）

فنجان : 杯（名）

لیمو : 柠檬（名）

(۲) روزه

斋戒

امروز اولین روز ماه رمضان بود. نرگس و شوهرش علی هرماه رمضان روزه می گیرند وامروز آنها قبل از اذان صبح بیدار شدند. آنها سحری خوردند. بعد مسواک زدند. ساعت پنج و نیم صبح صدای اذان از مسجد به گوش رسید. آنها وضو گرفتند و برای نماز به مسجد رفتند. آنها با سایر اهالی محله نماز خواندند. ساعت هفت صبح ، هردو عازم محل کار شدند. نرگس برای تدریس به دانشگاه رفت. علی به مطب خود رفت. نرگس ساعت چهار بعدازظهرازدانشگاه برگشت. او سماور را روشن کرد وچای درست کرد و برای افطار غذا درست کرد. علی هم ساعت پنج از مطب برگشت. آنها ساعت پنج و پانزده دقیقه سر سفرهٔ افطار نشستند. تلویزیون روشن بود و آنها صدای اذان مغرب را شنیدند. نرگس و علی بعد از افطار نماز و قرآن خواندند و درساعت ده به رختخواب رفتند تا به موقع برای سحر بیدار شوند.

واژه 单词

اذان : 宣礼（名）

سحری : 斋月黎明前吃的食物（名）

وضو گرفتن : 〈宗〉小净（动）

عازم ... شدن : 前往……（动）

سماور : 茶炊（名）

افطار : 开斋（名）

تلویزیون : 电视（名）

مغرب : 日落，日落之时（名）

درس نوزدهم

نیازهای انسان و منابع و امکانات

人类的需求，资源与条件

انسان درزندگی مادی خویش ، نیازهایی دارد که برای ادامۀ حیات ناگزیر است آن ها را برآورده کند. منبع رفع این نیازها ، امکاناتی است که طبیعت در اختیار انسان گذاشته است . ما از زندگی مادی انسان با دو مفهوم ، یعنی " نیازهای انسان" و " منابع و امکانات " رو به رو می شویم .

نیازهای انسان

نیازهای مادی انسان محرک او برای فعالیت و تلاش اقتصادی است؛ به عبارت دیگر، انسان به دنبال احساس نیاز تصمیم می گیرد که آن نیاز را رفع سازد و بعد از رفع نیاز ، احساس رضایت می کند .

گاهی ممکن است چنین تصور شود که با گذشت زمان تمام نیازهای انسان برطرف می شود و او دیگر محرکی برای فعالیت نخواهد داشت اما چنین نیست . درواقع ، با برآورده شدن هرنیاز، نیاز جدیدی مطرح می شود و بدین ترتیب، همراه با ظهور نیازهای جدید ، انسان به فعالیت بیشتر برای ارتقای سطح زندگی خویش می پردازد؛ مثلاً ، برای گروهی از انسان ها که از ابتدایی ترین امکانات زندگی محروم اند ، اساسی ترین نیاز این است که سرپناهی داشته باشند تا در آن از گزند سرما ، گرما و درندگان مصون بمانند و نیز غذای مختصری داشته باشند که با آن رفع گرسنگی کنند اما وقتی این نیازها تا حد مقبول برطرف می شود، همین افراد احساس می کنند که به امکانات رفاهی

-196-

بیشتری نیاز دارند ؛ مثلاً ممکن است به فکر مسکنی بزرگ تر و مجهز تر از سرپناه اولیه بیفتند یا نیازهای جدید دیگری برایشان مطرح شود . بدین سبب ، می توان گفت که انسان موجودی سیری ناپذیر است؛ زیرا با برآورده شدن پاره ای از نیازهایش ، احساس بی نیازی به او دست نمی دهد بلکه نیازهای تازه ای در او شکل می گیرد و او با عطش بیشتری درصدد رفع این نیازها بر می آید .

نیازهای مختلف انسان : امنیت ، بهداشت و درمان ، آموزش ، حمل و نقل ، مسکن ، پوشاک ، خوراک...

منابع و امکانات

دربارهٔ منابع وامکانات موجود درجهان که انسان برای رفع نیازهای خود از آن ها استفاده می کند ، به دو نکتهٔ مهم می توان اشاره کرد :

نکتهٔ اول این که منابع و امکانات موجود دردسترس انسان ، محدود است . البته درنظراول ، پذیرش این نکته قدری مشکل است اما با اندکی دقت ، صحت آن را در می یابیم . مقدار زمین های کشاورزی ، ذخایر معدنی ، سرمایه و نیروی کاری که دراختیار یک جامعه قرار دارد، محدود است . حتی ممکن است زمین های کشاورزی نسبتاً زیادی در اختیارجامعه باشد ولی زمین های مرغوبی که بازدهی بالایی دارند ، کم است . هم چنین ، زمین هایی که نزدیک به محل زندگی و تجمع انسان ها قرار دارند و به همین دلیل ، بهره برداری از آن ها هزینهٔ حمل و نقل چندانی ندارد ، محدود ند . به علاوه ، با وجود ذخایر معدنی فراوان درکرهٔ زمین ، به دلیل ناشناخته بودن بسیاری از این ذخایر و نیزمحدود بودن دانش فنی بشر، بهره برداری کامل از این منابع و امکانات آسان نیست .

دومین نکته این است که منابع و امکانات مذکور قابلیت های مصرف متعددی دارند. بدین معنی که از آن ها می توان برای رفع نیازهای مختلف و متنوع استفاده کرد؛ مثلاً، زمین های کشاورزی را هم می توان برای تولید پوشاک به زیر کشت پنبه برد و هم برای تهیهٔ غذا، در آن گندم کاشت . الوار تهیه شده از درختان جنگلی را می توان برای تولید میز و صندلی به کار برد و هم به صورت هیزم از آن برای ایجاد گرما استفاده کرد . بخشی از نیروی کار موجود در یک جامعه ، هم می تواند در فعالیت های تولیدی شرکت کند و هم به شکل نیروی نظامی در خدمت تأمین امنیت کشور باشد ؛ بنابراین ، بیشتر منابعی که در دسترس انسان قرار دارد ، منحصراً برای رفع یک نیاز معین به کار نمی رود بلکه برای برآوردن نیاز های دیگر نیز از آن ها استفاده می شود .

۱ـ نیاز های انسان نا محدود است .

۲ـ منابع و امکانات موجود محدود است .

۳ـ از این منابع و امکانات محدود می توان به روش های گوناگون استفاده کرد.

منابع و امکانات محدود ، قادر به رفع نیاز های نامحدود انسان نیستند. بدین ترتیب ، انسان برسر دو راهی قرار می گیرد و ناگزیر است که یکی را انتخاب کند . درواقع ، او نمی تواند همهٔ خواسته هایش را با استفاده از امکانات موجود برآورده کند ؛ بنابراین ، باید ابتدا آن گروه از نیاز های خود را که اولویت بیشتری دارند برطرف سازد.

از آن جا که منابع در دسترس انسان ، کاربردهای گوناگون دارند، انسان باید در مورد نحوهٔ استفاده از این منابع تصمیم بگیرد و روش معینی را انتخاب کند ؛ برای مثال ، باید تصمیم بگیرد که زمین های

-198-

کشاورزی محدودی را که دراختیار دارد به زیر کشت گندم ببرد یا این که آن ها را به تولید پنبه اختصاص دهد .

بهترین روش استفاده از منابع و امکانات کدام است ؟

به یقین ، ملاک "بهترین بودن " این است که با استفاده از این منابع بتوان بیش ترین میزان تولید را به دست آورد و سطح بالاتری از رفاه را برای انسان فراهم کرد .

انسان درطول زمان با به کارگیری قوای فکری خود ، همواره درصدد یافتن "بهترین راه " بوده است . حاصل این تلاش فکری ، پدید آمدن " اندیشهٔ اقتصادی" است . با گسترش و پیشرفت تمدن بشری ، اندیشهٔ اقتصادی بشر نیز تکامل بیش تری یافت...

واژه 单词

مادی : 物质的（形）

ناگزیر بودن : 不得已，被迫（动）

رو به رو شدن (با) : 面临，碰到（动）

محرک : 动力（名）

رضایت : 满意（名）

ارتقا : 提高（名）

سرپناه : 住处（名）

گزند : 伤害，灾难（名）

درنده : 凶猛的，野兽（形、名）

مصون ماندن (از) : 幸免，免除（动）

مختصر : 简要的，简略的（形）

مقبول : 合适的，可接受的（形）

اولیه : 最初的，基本的（形）

سیری ناپذیر : 不知足的（形）

حالتی به کسی دست دادن : 某人感到（产生）……（动）

عطش : 渴，渴望（名）

در صدد... برآمدن : 打算（动）

پوشاک : 穿（名）

خوراک : 吃（名）

اشاره کردن (به) : 指出，提出（动）

صحت : 正确（名）

مرغوب : 优质的（形）

مذکور : 上述的（形）

قابلیت مصرف : 消耗性（名）

به زیر کشت پنبه بردن (زمین را) : 种植棉花（动）

الوار : 木材（名）

هیزم : 木柴，柴禾（名）

منحصراً : 惟一地（副）

خواسته : 要求，请求（名）

اولویت داشتن : 优先，优越（动）

اختصاص دادن (را، به) : 为……专用（动）

به یقین : 无疑地（副）

ملاک : 标准（名）

به کارگیری : 使用（名）

پرسش :

۱- انسان به چه چیزهایی نیاز دارد ؟

۲- چرا انسان موجود سیری ناپذیر است ؟

۳- چرا افراد باید درمیان خواسته های خود به انتخاب دست بزنند ؟

 翻译练习

1. 一些需求满足了，新的需求又产生了。

2. 随着新的需求的出现，人们为了满足需求和提高生活水平，会更加努力地工作。

3. 人是不知足的，所以他任何时候都不会感到满足。

4. 人类拥有的资源是有限的，而他的需求是无限的，这是一个非常严肃的问题。

5. 人不能缺少衣、食、住、行、医疗、教育等需求。

6. 你想免除生病，就要坚持体育锻炼，保持良好的生活习惯。

(مصون ماندن)

7. 人类利用自然资源，为自己提供高水平的福利享受。

8. 地球上蕴藏着丰富的矿产资源，限于技术原因，很多还没有被开发出来。

(۱)نیروی انسانی مهم ترین عامل تولید دراقتصاد یک کشوراست

人力资源是国家经济发展中最重要的因素

نیروی انسانی یکی از عوامل سه گانهٔ تولید است که در کنار دو

-201-

عامل دیگر، یعنی منابع طبیعی و سرمایه ، نقش ویژه ای درتولید ایفا می کند.

اگرچه هر یک از عوامل سه گانهٔ تولید درجای خود دارای اهمیت اند و نقش و تأثیر هیچ کدام را نمی توان انکارکرد اما نیروی انسانی یا منابع انسانی نسبت به سایر عوامل تولید از اهمیت خاصی برخوردار است ؛ زیرا وظیفهٔ ترکیب سایر عوامل تولید را نیز برعهده دارد .

بدون شک ، مهم ترین سرمایهٔ یک ملت نیروی انسانی و به ویژه نیروی انسانی دانش آموخته ، با مهارت وصاحب فکر آن است. آن چه یک ملت را به سمت پیشرفت هدایت می کند ، نیروی انسانی توانمند آن است که با جدیت و تلاش خود جامعه را در مسیر رشد و شکوفایی قرار می دهد. اکثر متفکران در این امر توافق دارند که عامل تعیین کنندهٔ روند توسعهٔ اقتصادی ـ اجتماعی یک کشور، " منابع انسانی" آن است. نیروی کار یک جامعه شامل نیروی کار یدی(دستی) و فکری آن است . هرقدر این نیروی کار دارای تحصیلات بیش تر و وجدان کاری و مسؤلیت پذیری بیش تری باشد ، در تولید جامعه تأثیر چشم گیری خواهد داشت .

با بررسی اقتصاد کشورهای پیشرفته ، درمی یابیم که بخش مهمی از تولید این جوامع مدیون دانش و فن آوری متبلور درنیروی کار آن ها است. درعین حال، یکی از دلایل عقب ماندگی کشورهای توسعه نیافتهٔ امروزی ، بالا بودن درجهٔ بی سوادی و کم دانشی نیروی کار آنان است . به منظور تربیت نیروی انسانی کارآمد و با دانش لازم ، جامعه باید با برنامه ریزی های آموزشی ریشهٔ بی سوادی را قطع کند و از طریق آموزش ضمن کار، سطح دانش نیروی کار را ارتقا دهد .

单词 واژه

انکار کردن : 否认（动）

دانش آموخته : 有知识的（形）

با مهارت : 有本领的，有技能的（形）

صاحب فکر : 有思想的（形）

توانمند : 有才能的（形）

جدیت : 认真，努力（名）

مسیر : 道路（名）

شکوفایی : 繁荣（名）

متفکر : 思考的，思想家（形、名）

توافق داشتن : 同意（动）

کار یدی (دستی) : 体力劳动（名）

کارفکری : 脑力劳动（名）

وجدان کاری : 工作责任心，诚心（名）

مسئولیت پذیری : 责任感，责任心（名）

متبلور : 鲜明的，透明的（形）

عقب ماندگی : 落后（名）

بی سوادی : 文盲（名）

کارآمد : 懂行的，内行的（形）

ارتقا دادن (را) : 提高（动）

(۲) علم اقتصاد دربارهٔ چه موضوعاتی بحث می کند ؟

经济学探讨什么？

افراد جامعه در قالب خانوار ها برای رفع نیاز های خود ، به کالاها و خدمات خاصی احتیاج دارند . آن ها برای تهیهٔ کالاها و استفاده از خدمات مورد نیاز خود پول هم می پردازند.

تولید کنندگان با هدف کسب سود ، کالاها و خدمات مورد نیاز مردم را تولید و عرضه می کنند. این کالاها و خدمات را در بازارها عرضه می کنند و به فروش می رسانند .

وقتی به اقتصاد توجه می کنیم ، سؤالات بسیاری برایمان مطرح می شود؛ می توان به موارد زیر اشاره کرد :

۱- چگونه مردم در مورد خریدن یا نخریدن یک کالا تصمیم می گیرند؟ چگونه مقدار کالایی را که باید بخرند ، تعیین می کنند ؟

۲- چگونه تولید کنندگان دربارهٔ تولید یا میزان تولید یک کالا تصمیم می گیرند ؟

۳- چرا مقدار بعضی از کالاها در بازار زیاد و بعضی دیگر کم است ؟

۴- چرا قیمت بعضی کالاها افزایش می یابد اما قیمت بعضی ثابت می ماند یا حتی کاهش می یابد ؟

۵- چرا بعضی مؤسسات تولیدی به سودهای سرشار دست می یابند اما بعضی دیگر ضرر می کنند و حتی ورشکسته می شوند ؟

۶- چرا در بعضی جوامع ، تولید زیاد و در بعضی کم است ؟

۷- چرا قیمت پول بعضی کشور ها با ثبات و بعضی بی ثبات است ؟

این پرسش ها و بسیاری از پرسش های مشابه دیگر در محدودهٔ مطالعات اقتصادی قرار می گیرند. علم اقتصاد تلاش می کند تا برای

-204-

هر یک از این پرسش ها ، پاسخ مناسب و منطقی بیابد و ارائه کند .

واژه 单词

خانوار : 家庭（名）

به فروش رساندن (را) : 出售（动）

ضرر کردن : 亏损，损失（动）

باثبات : 固定的，稳定的（形）

بی ثبات : 不固定的，浮动的（形）

جوامع : ج جامعه 社会（名）

منطقی : 有逻辑的（形）

درس بیستم

زندگی من
海伦·凯勒

<u>هلن کلر</u>، زن نابینا وکرولالی بود که با استعداد خود دنیا را به تحسین و اعجاب وا داشت . او همهٔ مراحل تحصیلی را با رنجی وصف ناشدنی پیمود تا دربیست و چهارسالگی به اخذ درجهٔ لیسانس از دانشگاه نایل آمد . وی چندین کتاب نوشت که یکی از آن ها دربارهٔ زندگی خود اوست و در آن نشان می دهد که نقص جسمی به هیچ وجه مانع پرورش قوای روحی و فکری نیست . اینک خلاصه ای از زندگی او را از زبان خود او می خوانیم.

* * *

من در تابستان سال ۱۸۸۰ میلادی درایالت" آلاباما " متولد شدم . تا هنگام ناخوشی که مرا ازبینایی و شنوایی محروم کرد ، درخانهٔ کوچکی زندگی می کردم. ابتدای زندگی من مانند دیگران بسیار ساده بوده است . در شش ماهگی می توانسته ام با لکنت زبان بگویم :" حال شما " . یک ساله بودم که به راه افتادم اما آن روزهای خوش دیری نپایید. بهاری زود گذر، تابستانی پراز گل و میوه و خزانی زرین به سرعت سپری شدند. سپس در زمستانی ملال انگیز همان ناخوشی که چشمان و گوش‌های مرا بست ، فرا رسید و مرا درعالم بی خبری طفل نوزادی قرار داد. پس از بهبود ، هیچ کس حتی پزشک نمی دانست که من دیگر نه می توانم ببینم و نه می توانم بشنوم . تدریجاً به سکوت و ظلمتی که مرا فرا گرفته بود، عادت کردم و فراموش کردم که دنیای دیگری هم هست.

-206-

یادم نیست که در ماه های اول بعد از ناخوشی چه وقایعی رخ داد :
فقط می دانم که دست هایم همه چیز را حس می کرد و هرحرکتی را
می دید. احساس می کردم که برای گفتگو با دیگران محتاج وسیله ای
هستم و به این منظور، اشاره هایی به کار می بردم ولی فهمیده بودم که
دیگران مانند من با اشاره حرف نمی زنند ، بلکه با دهانشان تکلم
می کنند. گاهی لب هایشان را هنگام حرف زدن لمس می کردم اما
چیزی نمی فهمیدم . لب هایم را بیهوده می جنباندم و دیوانه وار با سر و
دست اشاره می کردم . این کار گاهی مرا بسیار خشمگین می کرد و آن
قدر فریاد می کشیدم و لگد می زدم که از حال می رفتم . والدینم سخت
مغموم بودند؛ زیرا تردید داشتند که من قابل تعلیم و تربیت باشم . از
طرف دیگر ، خانهٔ ما هم از مدارس نابینایان یا لال ها بسیار دور بود .
سرانجام معلم شایسته ای برای من پیدا کردند. مهم ترین روز زندگی من
که همیشه آن را به یاد دارم ، روزی است که معلم نزد من آمد . این
روز سه ماه پیش از جشن هفت سالگی ام بود.

بامداد روز بعد معلمم مرا به اتاقش برد و عروسکی به من داد. پس
از آن که مدتی با این عروسک بازی کردم ، او کلمهٔ "عروسک " را
در دستم هجی کرد و من که از این بازی خوشم آمده بود، کوشش کردم
از وی تقلید کنم . وقتی موفق شدم حروف را درست با انگشتان هجی
کنم ، از شادی وغرورکودکانه به هیجان آمدم . روزهای بعد ، از همین
طریق لغات بسیاری را یاد گرفتم . روزی معلمم مرا به گردش برد و
دستم را زیر شیر آب قرار داد. همان طور که مایع خنک روی دستم
می ریخت ، کلمهٔ " آب " را روی دست دیگرم هجی کرد. ازآن هنگام

-207-

حس کردم که از تاریکی و بی خبری بیرون آمده ام و رفته رفته همه چیز را در روشنایی خاصی می بینم .

چون بهار فرا می رسید ، معلمم دستم را می گرفت و به سوی مزارع می برد و روی علف های گرم ، درس خود را در بارهٔ طبیعت آغاز می کرد. من می آموختم که چگونه پرندگان از مواهب طبیعت برخوردار می شوند و خورشید و باران چگونه درختان را می رویانند. به این ترتیب ، کم کم کلید زبان را در دست گرفتم و آن را با اشتیاق به کار انداختم . هرچه بر معلوماتم افزوده می شد ، و هرچه بیشتر لغت می آموختم ، دامنهٔ کنجکاوی و تحقیقاتم وسیع تر می گشت. معلمم جمله ها را در دستم هجی می کرد و درشناختن اشیا کمکم می کرد. این جریان چندین سال ادامه داشت ؛ زیرا کر و لال یا نابینا به سختی می تواند مفاهیم مختلف را از سخن دیگران دریابد. حال حدس بزنید که برای طفلی که هم کر و لال و هم نابینا ست ، این اشکال تا چه حد است . چنین کودکی نه می تواند آهنگ صدا را تشخیص بدهد و نه می تواند حالات چهرهٔ گوینده را ببیند.

قدم دوم تحصیلات من خواندن بود . همین که توانستم چند لغت را هجی کنم ، معلمم کارت هایی به من داد که با حروف برجسته کلمه-هایی بر آن ها نوشته شده بود. لوحی داشتم که بر آن می توانستم به کمک حروف ، جملات کوتاهی را کنارهم بچینم . هیچ چیز به اندازهٔ این بازی مرا شاد نمی کرد. پس از آن، کتاب قرائت ابتدایی را گرفتم و به دنبال لغت های آشنا گشتم . از این کار لذت می بردم . معلمم استعداد خاصی در آموزش نابینایان داشت . هرگز با پرسش های خشک خود

مرا خسته نمی کرد. بلکه مطالب علمی را نیز آهسته آهسته در نظرم زنده و حقیقی می ساخت . کلاس درس ما بیشتر درهوای آزاد بود و درختان ، گل ها ، میوه ، شبنم ، باد ، باران ، آفتاب ، پرندگان همه موضوعات جالبی برای درس من بودند. واقعهٔ مهمی که در هشت سالگی برایم پیش آمد ، مسافرتم به " بوستون " بود . دیگر من آن طفل بدخو و بی قراری نبودم که از همه متوقع باشم که سرم را گرم کنند . در قطار کنار معلمم آرام می نشستم و منتظر می ماندم تا آن چه را از پنجرهٔ قطار می بیند ، برایم شرح دهد. در شهر بوستون به مدرسهٔ نابینایان رفتم و بسیار زود با اطفال آن جا آشنا شدم و چه قدر لذت بردم وقتی دریافتم که الفبای آن ها عیناً مانند الفبای من است. کودکان نابینا آن قدر شاد و راضی بودند که من درد خود را در لذت مصاحبت آنان از یاد بردم .

درده سالگی حرف زدن را آموختم . قبلاً صداهایی از خود در می آوردم . اما مصمم شدم که سخن گفتن را بیاموزم ؛ معلم تازه ای برایم آوردند. روش این معلم آن بود که دستم را به نرمی روی صورت خود می کشید و می گذاشت که حرکات و وضع زبان و لب هایش را هنگام سخن گفتن احساس کنم . هرگز شادی و لذتی را که از گفتن اولین جمله به من دست داد ، فراموش نمی کنم . جمله این بود :" هوا گرم است ." بدین طریق در زندان خاموشی من شکسته شد اما نباید تصور شود که درمدت کم توانستم مکالمه کنم . سال ها شب و روز کوشیدم و همیشه به کمک معلمم نیازمند بودم .

گاهی درمیان تحصیلاتم به سفر می پرداختم . یک بار به دیدن آبشار

نیاگارا رفتم . شاید هیچ کس باور نکند که من تا چه حد زیبایی های آبشار را احساس کرده ام . بار دیگر به اتفاق الکساندر گراهام بل و معلمم به نمایشگاه بین المللی رفتم . دکتر بل هرچه را جالب بود ، برایم توضیح می داد ؛ مانند : الکتریسیته ، تلفن ، گرامافون . این سفرها و بازدیدها دامنهٔ معلومات مرا وسیع کرد و مرا به درک دنیای واقعی وا داشت .

دوسال درمدرسهٔ کرو لال ها درس خواندم . علاوه بر خواندن لبی و تربیت صدا به خواندن حساب ، جغرافیا ، علوم طبیعی و زبان آلمانی و فرانسه پرداختم . معلمان این مدرسه می کوشیدند که همهٔ مزایایی را که مردم شنوا از آن برخوردارند، برای من فراهم کنند.

درشانزده سالگی وارد مدرسهٔ دخترانه ای شدم تا خود را برای ورود به دانشگاه آماده کنم . با شور بسیار شروع به کار کردم . معلم خصوصی من هرروز با من به مدرسه می آمد و با صبر وحوصلهٔ بی پایان آن چه معلم ها می گفتند ، دردستم هجی می کرد. درساعت‌ های مطالعه ناچار بود که لغت ها را از کتاب لغت پیدا کند و در دستم هجی کند. رنج معلمم در این کار از قوهٔ تصور خارج است .

پس از سه سال تحصیل دراین مدرسه ، امتحانات نهایی فرا رسید. اشکال کار فراوان بود اما با سختی و کوشش بسیار همهٔ موانع را از سر راه برداشتم تا سرانجام آرزویم برای رفتن به دانشگاه تحقق یافت. البته در دانشگاه هم با اشکالات سابق مواجه بودم . روزهایی می رسید که سختی و زیادی کار روح مرا افسرده می کرد اما به زودی امید خود را باز می یافتم و دردم را فراموش می کردم ؛ زیرا کسی که

-210-

می خواهد به دانش حقیقی برسد، باید از بلندی های دشوار به تنهایی بالا برود . من دراین راه بارها به عقب می لغزیدم ، می افتادم ، کمی به جلو می رفتم ، سپس امیدوار می شدم و بالاتر می رفتم ، تا کم کم افق نامحدود در برابرم نمایان می شد. یکی از فنونی که درحین تحصیل آموختم ، فن بردباری بود. تحصیل باید با فراغ بال و تأنی انجام گیرد. امتحانات بزرگ ترین دیو های وحشتناک زندگی دانشگاهی من بودند اما من پیوسته پشت این دیو ها را به خاک می رساندم .

تا حال نگفته ام که تا چه حد به خواندن کتاب علاقه مند بوده ام . کتاب در تحصیل و تربیت من بسیار مؤثر بوده است . کتاب برای من مانند نور خورشید بود و ادبیات بهشت موعود. هرگز نقایص جسمی ، مرا از هم نشینی دلپذیردوستانم – یعنی کتاب هایم – باز نداشته است . آن چه خود آموخته ام و آن چه دیگران به من آموخته اند، در مقابل جذبه ای که کتاب به من داده ، هیچ است اما سرگرمی من تنها کتاب نیست . موزه ها و نمایشگاه های نقاشی و مجسمه سازی برای من منبع سرور است . از گردش در طبیعت و قایق رانی بسیار لذت می بردم . به نظرمن درهریک ازما به نحوی استعداد ادراک زیبایی ها نهفته‌ است. هر یک از ما خاطراتی ناپیدا از زمین ، سبزه و زمزمۀ آب داریم که نابینایی و ناشنوایی نمی تواند این حس را از ما برباید. این یک حس روانی است که درآن واحد هم می بیند ، هم می شنود و هم احساس می کند.

单词 واژه

کرولال : 聋哑人（名）

تحسین : 赞扬（名）

اعجاب : 惊喜（名）

اخذ : 获得（名）

درجهٔ لیسانس : 学士学位（名）

نقص : 缺陷，缺点（名）

به هیچ وجه : 无论如何（副）

ناخوشی : 疾病；痛苦（名）

بینایی : 视力，视觉（名）

شنوایی : 听力，听觉（名）

لکنت زبان : 结巴，口吃（名）

خزان زرین : 金秋（名）

سپری شدن : 过去，结束（动）

ملال انگیز : 令人烦恼的（形）

طفل نوزاد : 新生儿（名）

سکوت : 沉默（名）

ظلمت : 黑暗（名）

تکلم کردن : 说话（动）

لمس کردن (را) : 触，摸（动）

جنباندن (را) :(جنبان) 摆动，摇动（动）

دیوانه وار : 发疯似地，像疯子似地（副）

خشمگین : 生气的（形）

لگد زدن : 踢（动）

ازحال رفتن : 失去知觉（动）

مغموم بودن : 伤心，忧愁（动）

تعلیم : 教育（名）

تردید داشتن : 怀疑（动）

عروسک : 布娃娃（名）

هجی کردن : 拼写（动）

تقلید کردن (از) : 模仿（动）

غرور : 自豪（名）

شیرآب : 水龙头（名）

مواهب : ج موهبت 恩赐，福气（名）

رویانیدن : (رویان) 使……生长（动）

با اشتیاق : 带着强烈的愿望（副）

اشیا : ج شی 物体，东西（名）

تشخیص دادن (را) : 分辨，区别（动）

کارت : 卡片（名）

لوح : 书写板（名）

حقیقی : 真实的，真正的（形）

شبنم : 露水（名）

بدخو : 坏脾气的（形）

متوقع بودن (از) : 指望，期待（动）

عیناً : 原本上，完全地（副）

مصاحبت : 交谈（名）

مصمم شدن : 决定（动）

آبشار : 瀑布（名）

توضیح دادن (را) : 解释（动）

الکتریسیته : 电学，电子（名）

مزایا : ج مزیت 好处；优惠，优势（名）

شنوا : 有听力的（形）

صبر و حوصله : 耐心，忍耐（名）

نهایی : 最后的，最终的（形）

افسرده کردن (را) : 使……沮丧（动）

نمایان شدن : 出现，显露（动）

بردباری : 忍耐，耐性（名）

درحین ... : 在……时候（介）

فراغ بال : 心平气和（名）

تأنی : 慢条斯理，缓慢（名）

دیو : 魔鬼（名）

چیزی را به خاک رساندن : 压倒，打翻（动）

بهشت : 天堂（名）

موعود : 约定的（形）

کسی را از کاری باز داشتن : 阻止某人做某事（动）

جذبه : 吸引力，魅力（名）

مجسمه سازی : 雕塑，雕刻（名）

منبع : 来源（名）

قایق رانی : 划船（名）

ناپیدا : 无尽的，未发现的（形）

زمزمه : 轻唱，哼唱（名）

پرسش :

۱- هلن کلر پس از بیماری به وسیلۀ کدام یک از حواس پنج گانۀ خود با جهان خارج ارتباط داشت ؟

۲- نویسنده چه چیزهایی را برای خود نور خورشید و بهشت دانسته-است ؟

 翻译练习

1. 海伦克服了种种困难，完成了学业，获得了学士学位。(اخذ)

2. 战争爆发后，许多人失去了亲人，失去了家园。

3. 他因病没有参加这次研讨会，使我失去了与他交流的机会。

4. 这个部门把工作的重点放在经济建设和国外投资上。

5. 他上课从不迟到，而且总是提前到教室并认真预习。

6. 毕业后，他的科研水平不断地提高，研究领域也不断地拓宽。

7. 出国旅游开拓了我的视野，丰富了我的知识。

8. 学生们在实践中很快掌握了学习语言的诀窍。

-215-

9. 教育法规定，每个孩子都享有上学的权利。(برخوردار بودن)

10. 在广泛的阅读中，书籍给我带来了无穷的知识和乐趣。

11. 牡丹卡为我们的存款和取款提供了方便。

12. 莎莉文老师为海伦所做的一切超出了人们的想像。

13. 突发的交通事故阻断了车辆的正常通行。(بازداشتن)

14. 尽管火车票涨价，但丝毫没能阻止人们回家过年。

15. 他通过自己的努力，终于如愿地考上了研究生。

短文翻译

海伦不仅是一位学识渊博、掌握五种文字的著名作家，而且还是一位知名的教育家和社会活动家。她走遍美国各地和世界许多国家，为盲人学校募集基金，把自己的一生献给了盲人福利和教育事业，赢得了各国人民的赞扬并得到许多国家政府的嘉奖。1955 年，联合国曾发起“海伦・凯勒”世界运动。如今海伦・凯勒的名字已成了坚毅、勇敢的象征。

(۱) شناخت محیط اجتماعی

认识社会环境

جوانی و تفکر مستقل

همهٔ شما در دوره ای قرار دارید که از آن به جوانی تعبیر می شود؛ کودکی را پشت سر گذاشته اید و بزرگ سالی را پیش

رودارید.دورهٔ وابستگی به بزرگ ترها، آسوده بودن وبی مسئولیتی را گذرانده اید و در آستانهٔ دورهٔ جدیدی هستید که باید بیندیشید ، تصمیم گیری کنید و مسئولیت زندگی خود و حتی دیگران را برعهده بگیرید . برخلاف دورهٔ کودکی که بیشتر در آن زمان با خیال راحت زندگی می کردید و نسبت به آینده بی توجه بودید ، دراین دوره ، اندیشیدن به آینده یکی از اشتغالات فکری شما خواهد بود. دراین دوره دربارهٔ جهان هستی و رابطهٔ خویش با آن فکر می کنید. مثلاً :

درهمین دوره ، شما به مسایل اجتماعی و سیاسی مختلف نیز می انیشید؛ مانند :

۱- درکدام رشته به تحصیل ادامه دهم ؟

۲- درآینده چه شغلی را انتخاب کنم ؟ چرا ؟

۳- راه دست یابی به شغل مورد نظر چیست ؟

۴- در تعیین سرنوشت جامعهٔ خود چه سهمی می توانم داشته باشم؟

۵- جایگاه جامعهٔ من در جهان کنونی کجاست ؟ ...

این اندیشه ها و پاسخ پرسش هایی از این قبیل ، مبنای عمل شما برای زندگی آینده است . پاسخ شما به این پرسش ها با توجه به دانسته هایتان ممکن است درست یا نادرست باشد .

نتایج شناخت نادرست از محیط اجتماعی

اگر فرد در مرحلهٔ جوانی بدون شناخت درست از شرایط اجتماعی ، سیاسی و اقتصادی جامعهٔ خویش ، تصمیم بگیرد و دست به عمل بزند ، با شکست رو به رو خواهد شد ؛ مثلاً :

۱- بسیارند کسانی که بدون شناخت درست از شرایط اقتصادی و

اجتماعی و استعدادها و توانایی های خود شغلی را انتخاب می کنند و در آن توفیق نمی یابند ؛

۲- بدون شناخت درست از شرایط اجتماعی همسر انتخاب می کنند و در زندگی زناشویی با شکست رو به رو می شوند ؛

۳- بدون شناخت درست ازمحیط اجتماعی به فعالیت های سیاسی دست می زنند ، شکست می خورند و از میدان سیاست کنار می روند ؛

۴- به دلیل نداشتن شناخت درست از دوستان و گروهی که به عضویت آن در می آیند ، به دام اعتیاد می افتند و تا پایان عمر با نتایج تلخ و ناگوار این انتخاب نادرست دست به گریبان خواهند بود...

آیندهٔ شما به میزانی چشم گیر، به شناختی بستگی دارد که دراین مرحلهٔ زندگی خود از محیط اجتماعی به دست می آورید . شناختی ناقص که بر پایهٔ احساسات قرار گیرد و از واقعیت های زندگی دور باشد ، می تواند اثراتی زیانبار بر زندگی آیندهٔ شما داشته باشد؛ بنابراین ، تلاش برای دست یابی به شناختی دقیق تر و نزدیک تر به واقعیت ، شناختی که توانایی شما را برای درک محیط اجتماعی افزایش دهد ، تلاشی مطلوب خواهد بود .

单词 واژه

تعبیرشدن : 解释（动）

بی مسؤلیتی : 无责任（名）

آستانه : 前夕（名）

اشتغال : 从事，要做的事（名）

رابطه : 关系（名）

جایگاه : 地位（名）

مبنا : 基础（名）

مرحله : 阶段（名）

دست به عمل زدن : 实施，动手做（动）

دانسته : 知识（名）

توفیق یافتن : 成功（动）

از میدان کنار رفتن : 离开，被淘汰（动）

عضویت : 成员资格（名）

اعتیاد : 习惯，习惯性（名）

به دام ... افتادن : 掉入陷阱，上圈套（动）

دست به گریبان بودن : 挣扎，煎熬（动）

بستگی داشتن (به) : 取决于（动）

پایه : 基础（名）

(۲) ارتباط اجتماعی و جدایی اجتماعی

社会联系与社会分离

ارتباط اجتماعی

افراد و گروه های جامعه به ارتباط با یکدیگر نیازمندند. آنها به کمک زبان باهم ارتباط برقرار می کنند و از طریق مشارکت یا رقابت مهم ترین مسایل خود را حل می کنند. مشکلات زندگی اجتماعی را با

همکاری یکدیگر برطرف می کنند و اگر اختلاف نظر دارند ، می کوشند با هم مدارا کنند. بدین ترتیب ، افراد جامعه پشتوانهٔ هم محسوب می شوند، دوستی و وفاق موجب وحدت اجتماعی می شود و همگی درکنار یکدیگر از زندگی مسالمت آمیز برخوردار می شوند .

جدایی اجتماعی

ممکن است منافع و اعتقادات بعضی از افراد جامعه با منافع و اعتقادات بعضی دیگر ناسازگار باشد. اگر این افراد نتوانند باهم مدارا کنند، ناسازگاری شان به پرخاش گری و ستیزه جویی منجر می شود. پرخاش گری خطری برای وحدت اجتماعی و آغاز تفرقه یا جدایی اجتماعی محسوب می شود. دراین صورت، فضای جامعه ملتهب می شود. درصورتی که این وضع ادامه پیدا کند، بلا های اجتماعی گوناگونی مانند جنگ داخلی ، تجاوز خارجی یا انحطاط اجتماعی جامعه را تهدید می کند.

单词 واژه

برقرار کردن (را) ： 建立（动）

مدارا کردن (با) ： 对人温和，对人和气（动）

پشتوانه ： 保护者，支持者，保障（名）

وفاق ： 和谐，友好（名）

مسالمت آمیز ： 和平的（形）

ناسازگار ： 不和谐的，不合拍的（形）

پرخاش گری ： 训斥，争吵（名）

ستیزه جویی : 争吵，打架（名）

تفرقه : 分散，解散（名）

ملتهب شدن : 火气冲天，发火（动）

انحطاط : 衰退，衰落（名）

واژه نامه 词汇表

آ

آبادان : 繁荣的（形） (4)

آب پز : 水煮的（形） (8+)

آب را گل آلود کردن : 把水搅混（动） (7+)

آبریزش : 流水（名） (8+)

آبشار : 瀑布（名） (20)

آب شیرین : 淡水（名） (5+)

آب شیرین کن : 淡化水质（名） (5+)

آبله : 天花（名） (2)

آب نبات : 冰糖（名） (15)

آب و هوا : 气候（名） (3)

آبیاری کردن (را) : 灌溉（动） (6)

آتش بس : 停火（名） (13+)

آتش سوزی : 火灾（名） (16)

آتش فشان : 火山（名） (6+)

آتشناک : 火焰般的，燃烧的（形） (14)

آتمسفر : 大气（名） (5+)

آدینه : 星期五（名） (4)

آراسته شدن : 点缀（动） (11)

آرد کردن (را) : 碾碎（碾成粉末）（动） (9)

آرمیدن : (آرام) 休息（动） (14)

آزادی خواه : 追求自由的（人）（形、名） (7)

آزمایشگاه : 实验室（名） (10)

آژانس بین المللی انرژی اتمی : 国际原子能机构（名） (10+)

آژیر : 警报，报警（名） (16+)

آستانه : 前夕（名） (20+)

آستین : 衣袖，袖口（名） (11)

آسیب دیده : 受害者，受伤害的（名、形） (2)

آسیب رساندن (به) : 伤害（动） (8)

آشامیدن : (آشام) 饮，喝（动） (5+)

آشپز : 厨师（名） (11)

آشغال : 垃圾（名） (6+)

آشفتگی : 紊乱（名） (8)

آشنا شدن (با) : 认识（动） (1)

آغشته کردن (را) : 浸湿（动） (9)

آفتاب : 太阳（名） (9)

آفریدن : (آفرین) 创造（动） (3)

آفریقا : 非洲（名） (15)

آلپ : 阿尔卑斯山（名） (16)

آلت : 工具（名） (17)

آلمان : 德国（名） (2+)

آلودگی : 污染（名） (3+)

آماده بودن : 准备（动） (1)

آماده کردن (را) : 准备（动） (12)

آماج ... شدن : 成为……目标（动） (7)

آموزش : 学习（名） (9+)

آنزیم : 酶（名） (18)

آواره شدن : 流浪，无家可归（动） (14+)

آهک : 石灰（名） (16+)

آهنگ : 曲调（名） (17)

آيات الهی : 神赐予的自然现象（名） (12)

آيين : 信仰，学说（名） (17+)

ا

ابتکار : 主动权（名） (7+)

ابتلا به... : 患上……，染上……（名） (15+)

ابد : 永久（名） (13+)

ابراز : 表示（名） (1+)

ابريشم : 丝绸（名） (17+)

اتريش : 奥地利（名） (10+)

اتصال : 连接（名） (16)

اتلاف وقت : 浪费时间（名） (1)

اثبات شدن : 证实（动） (6+)

اثر گذاردن (بر) : 产生影响（动） (15)

اجتناب ناپذير : 不可避免的（形） (14)

اجناس : ج جنس（名） 货物，商品 (17+)

احاطه کردن (را) : 包围（动） (18)

احتراز کردن (از) : 回避（动） (11)

احتمال : 可能（名） (15)

احداث : 建立，建造（名） (5+)

احيا : 恢复（名） (17+)

اختر : 星（名） (6)

اختصاص دادن (را، به) : 为……专用（动） (19)

اختلاف : 分歧（名） (7+)

اختلال : 紊乱（名） (8)

اخذ : 获得（名）(20)

اخراج شدن (از) : 被开除（动）(13+)

ادا کردن (را) : 完成，执行（动）(17)

ادرار : 尿（名）(15)

ادویه : 调味品（名）(15)

ادیبانه : 文学性的（形）(7)

اذان : 宣礼（名）(18+)

اذیت : 迫害，欺负（名）(7)

ارابه رانی : 赛马（名）(2+)

اراذل و اوباش : 社会败类，社会渣滓（名）(7+)

ارائه کردن (را) : 出示，展示（动）(10+)

ارتباط داشتن (با) : 联系（动）(14+)

ارتباطی : 信息的（形）(4+)

ارتش : 军队（名）(10+)

ارتفاع : 高度（名）(3+)

ارتقا : 提高（名）(19+)

ارتقا دادن : 提高（动）(19+)

ارزش : 价值（名）(6)

ارزنده : 有价值的（形）(13)

ارمنی : 亚美尼亚人（名）(4)

اروپا : 欧洲（名）(7)

از آنجا که : 由于（连）(8+)

از ... ایستادن : 停止（动）(13)

ازاین رو : 因此（连）(1)

از پای درآمدن : 倒下（死亡）（动）(5+)

از جای خود کنده شدن : 移动（动）(8)

از جملهٔ ... : （其中）包括……（介）(6)

از حال رفتن : 失去知觉（动）(20)

ازدحام : 密集（名）(1)

ازدیاد : 增加（名）(8)

ازدیرباز : 很久以来（副）(6)

ازطریق ... : 通过……（介）(5)

از میان رفتن : 消失（动）(4)

از میدان کنار رفتن : 离开，被淘汰（动）(20+)

از یاد بردن (را) : 忘记（动）(12)

اسارت : 奴役（名）(13+)

اساسنامه : 章程（名）(2+)

استان : 省（名）(3)

استانبول : 伊斯坦布尔（名）(7)

استاندارد ایمنی : 安全标准（名）(10+)

استبداد : 专制（名）(13)

استحکام : 结实，牢固（名）(3)

استخاره : 占卜（名）(11)

استخر : 水池（名）(4)

استرالیا : 澳大利亚（名）(16)

استعمارگر : 殖民者，殖民主义（名）(15+)

استقامت : 坚固，稳固（名）(14)

استقبال کردن (از) : 欢迎，迎接（动）(2+)

استقلال : 独立（名）(14+)

اسکناس : 纸币（名）(9+)

اسهال : 腹泻（名）(8+)

اسید سولفوریک : 硫酸（名）(16+)

اسید نیتریک : 硝酸（名）(16+)

اسیر جنگی : 战俘（名） (2)

اشاره کردن (به) : 指出，提出（动） (19)

اشتغال : 从事，要做的事（名） (20+)

اشتها : 胃口，食欲（名） (18+)

اشراف : 贵族（名） (9+)

اشعهٔ ماورای بنفش : 紫外线（名） (8)

اشکانیان : 安息王朝（名） (17+)

اشیا : ج شی 物体，东西（名） (20)

اصحاب : ج صاحب 朋友（名） (11)

اصلاً : 按籍贯（副） (7)

اصلاح : 改革，革新（名） (9)

اصول : 原则（名） (11)

اضافه وزن داشتن : 超重（动） (8+)

اطراف : 周围（名） (1+)

اطعام کردن (را) : 招待（动） (17)

اطلاع دادن (را ، به) : 告诉，通知（动） (10+)

اعتبار : 声誉，信誉（名） (4)

اعتراض کردن (به) : 抗议（动） (13+)

اعتقاد : 相信（名） (11)

اعتلا : 提高（名） (13)

اعتیاد : 习惯，习惯性（名） (20+)

اعجاب : 惊喜（名） (20)

اعزام شدن : 被派遣（动） (13+)

اعطا کردن (به) : 颁发（动） (10)

اعلام کردن (را) : 宣布（动） (11+)

اعلامیه : 声明（名） (13+)

اعلان جنگ دادن : 宣战（动） (2+)

افراط : 超量，过度（名） (15)

افسانه : 神话（名） (3)

افسرده کردن (را) : 使沮丧（动） (20)

افطار : 开斋（名） (18+)

افغانستان : 阿富汗（名） (15+)

افق : 地平线（名） (5)

اقامت گزیدن : (گزین) 定居，居住（动） (4)

اقتباس شدن (از) : 被摘自……，被选自……（动） (11)

اقتدا کردن : 跟随，效法（动） (17)

اقتدار : 权力，威力（名） (9+)

اقتصادی : 经济的（形） (2+)

اقدام به ... کردن : 实施（动） (9+)

اقلیت : 少数（名） (3)

اقوام : ج قوم 部落（名） (4)

اقیانوس اطلس : 大西洋（名） (16)

اکتشاف : 勘探（名） (5+)

اکثر : 大多数的（形） (1)

اکسید کربن : 氧化碳（名） (15+)

اکسیژن : 氧气（名） (15)

البرز : 厄尔布士山（名） (3+)

الکتریسیته : 电学，电子（名） (20)

الکل : 酒精（名） (8)

الگو : 模式，样子（名） (15)

المپیا : 奥林匹亚（名） (2+)

الوار : 木材（名） (19)

الیاف : 纤维（名） (18)

امتحان کنکور : 高考（名）(12+)

امتداد : 沿线，沿途（名）(3+)

امتیاز : 特权（名）(5)

امثال و حکم : 《格言谚语词典》（书名）(7)

امن : 安全的，安宁的（形）(14)

امنیت : 安全（名）(2+)

امواج : ج موج 波浪（名）(5)

امواج شدید دریایی : 海啸（名）(16)

امیر الامرا : 酋长首领（名）(17)

انباشته شدن : 被储存（动）(5+)

انتخاب : 选举，选择（名）(7+)

انتشار : 发行（名）(1)

انتشارات : 出版社（名）(1+)

انتظار... را کشیدن : 等待（动）(1)

انتقال خون : 输血（名）(2)

انجامیدن : (انجام) 产生结果，结束（动）(10)

انحطاط : 衰退，衰落（名）(20+)

اندازه گیری : 测量（名）(6)

اندرون : 里面，内部（名）(4)

انرژی زا : 产生能量的（形）(18)

انزوا : 隐居（名）(17+)

انس و الفت داشتن (با) : 亲近，熟悉（动）(6)

انعکاس : 反映，倒影（名）(5)

انفجار : 爆裂，爆炸（名）(16)

انقباض : 萎缩（名）(15)

انکار کردن : 否认（动）(19+)

انگشت : 手指（名） (11+)

انگلیسی : 英国人（名） (7+)

اورانیوم : 铀（名） (Uranium) (10)

اوقاف : ج وقف 捐赠给慈善机构的财产或地产（名） (17)

اولویت داشتن : 优先，优越（动） (19)

اولیا : ج ولی 官员，负责人（名） (10)

اولیه : 最初的，基本的（形） (19)

ایام : ج یوم 时间（名） (7+)

ائتلاف کردن (با) : 联合，联盟（动） (7+)

ایجاد کردن (را) : 产生（动） (1)

ایدز : 艾滋病（名） (15+)

ایزد : 神（名） (11)

ایفا کردن (نقش را) : 履行，发挥，扮演（动） (16)

ایل : 部落（名） (11+)

ایل بختیاری : 部落名 (11+)

ایل سون :(شاهسون) 部落名 (11+)

ایوان : 门廊（名） (4)

ب

با آسودگی خاطر : 放心地（副） (14)

با آغوش باز : 张开怀抱（副） (13)

با اشتیاق : 带着强烈的愿望（副） (20)

با تجربه : 有经验的（形） (2)

با تقوا : 虔诚的（形） (3)

با ثبات : 固定的，稳定的（形） (19+)

با خبر شدن (از) : 了解（动） (1)

با خنده : 笑着（副） (1)

باران اسیدی : 酸雨（名） (16+)

باران زا : 产雨的（形） (3+)

بارندگی : 降雨（名） (3+)

باروت : 火药（名） (9+)

بازتاب : 倒影，反映（名） (4)

بازده : 收益，效益（名） (15)

بازدید : 参观（名） (1)

بازدید کننده : 参观者（名） (1)

باز ماندن : 保留，留下（动） (3)

بازیافت : 再生（名） (6+)

باطن : 内心的（形） (10)

بافت : 组织（名） (8)

بالا بردن (را) : 提高（动） (15)

بالغ : 成熟的（形） (15)

بالغ بر ... بودن : 达到（动） (10+)

بام : 屋顶（名） (13)

با مهارت : 有本领的，有技能的（形） (19+)

باند : 集团（名） (15+)

باور داشتن : 相信（动） (6)

بایستی : 必须（动） (8)

بحث : 讨论（名） (2+)

بحر : 海，海洋（名） (17)

بحرین : 巴林（名） (17)

بخارپز : 蒸煮的（形） (8+)

بد بین : 悲观的（形）(1+)

بدخو : 坏脾气的（形）(20)

بدخیم : 恶性的（形）(8)

بدر : 全月（名）(6)

بدهکار بودن : 负债，欠债（动）(17)

بدیع : 新兴的（形）(5)

برآورده شدن : 实现（动）(6)

براثر(دراثر) ... : 由于……（介）(6+)

براساس... : 根据……（介）(16)

برافراشته شدن : 被竖起，被举起（动）(2)

برتری داشتن (نسبت به) : 有优越，有优势（动）(9)

برجای ماندن (مان) : 留下（动）(9)

برجسته : 杰出的，优秀的（形）(4)

برجسته : 凸起的，隆起的（形）(9)

برحذر داشتن (را ، از) : 告诫某人回避……（动）(11)

برخلاف ... : 与……相反（介）(3)

برخورد : 对待；遇到；态度（名）(1+)

بردباری : 忍耐，耐性（名）(20)

برده : 奴隶（名）(2+)

بررسی کردن (را) : 检查，观察（动）(8+)

بر زمین دامن گستردن : 铺开（动）(3)

برسر زبان ها بودن : 家喻户晓（动）(3)

برضد ... : 反对……（介）(13)

برطرف شدن : 消除（动）(9+)

برعکس : 相反（副）(3+)

برقرار کردن (را) : 建立（动）(20+)

برقراری : (10+) 建立（名）

برکناری : (7) 罢免 （名）

برگزیده شدن : (2) 被选择（动）

برگشودن : (بر گشای) （动） 打开 (17)

برنامه ریزی : (1+) 规划，设计（名）

برنج : (9+) 大米（名）

بروز : (8) 出现（名）

برهمن : (17+) 婆罗门教徒，印度教僧侣（名）

بساط... را پهن کردن : (12) 铺开（桌布），摆开摊子（动）

بستگی داشتن (به) : (20+) 取决于（动）

بسنده کردن (به) : (5+) 满足（动）

بشر : (9+) 人类（名）

بشکه : (14+) 桶（名）

بعید بودن : (6) 不可能（动）

بغداد : (14+) 巴格达（名）

بقا : (14+) 生存（名）

بلافاصله : (12) 紧接着，立刻（副）

بلع : (8) 吞咽（名）

بلند بالا : (1) 高高的，厚厚的（形）

بلند قامت : (10) 高个子的（形）

بلوری : (17+) 水晶的（形）

بمب اتمی : (10+) 原子弹（名）

بمباران کردن (را) : (10+) 轰炸（动）

بنا : (4) 建筑物（名）

بنابه ... : (2) 根据……（介）

بنابه اقتضای ... : (4) 根据……需要（介）

بنادر : ج بندر　海港，港口（名） (14+)

بنام : 著名的（形） (13)

بنا نهادن :(نه)　奠基，建造（动） (17)

بنیادگذار : 奠基人（名） (14+)

بودا : 佛，佛陀（名） (17+)

به اتفاق ... : 与……一起，与……一同（副） (17)

به بار آوردن (را) : 造成，带来（动） (16)

به تصویب رساندن (را) : 通过，批准（动） (2+)

به تماشا نشستن : 坐着观赏（动） (14)

به تنهایی : 单独地（副） (1)

به جای ... : 代替……（介） (2)

به جای آوردن (را) : 履行（动） (17)

به چنگ آوردن (را) : 抢夺，夺得（动） (7+)

به حقیقت پیوستن : (پیوند) 证实（动） (10)

به خود گرفتن : 形成，获得（动） (9+)

بهداشت : 健康，卫生（名） (10+)

به دام ... افتادن : 掉入陷阱，上圈套（动） (20+)

به دام انداختن (را) : 抓捕，使……落网（动） (16+)

به دست داشتن (را) : 拿着（动） (1)

به دست گرفتن (را) : 获得（动） (7+)

به دلیل... : 由于……（介） (4+)

به دنبال ... گشتن : 寻找（动） (1)

به دوش کشیدن (را) : 承担（动） (14+)

به راه انداختن (را) : 发动，实施（动） (7+)

بهروزی : 美好日子（名） (10)

بهره برداری شدن (از) : 收益，获利（动） (5)

بهره ور بودن (از) : 具有（动） (10)

به زیر کشت پنبه بردن (زمین را) 种植棉花（动）: (19)

به سر بردن 生活（动）: (6)

به سوگ کسی نشستن 吊唁或哀悼某人（动）: (10)

بهشت 天堂（名）: (20)

به شمار آمدن 被算为，被认为（动）: (5)

به طور کلی 总之（副）: (3+)

به طور متوسط 平均地（副）: (15)

به طور مداوم 不断地（副）: (4+)

به طول انجامیدن (انجام) 历时，持续（动）: (17)

به عهده داشتن (را) 承担，担任（动）: (2)

به فروش رساندن (را) 出售（动）: (19+)

به قتل رساندن (را) 杀害（动）: (13+)

به قصد... 为了……（介）: (9)

به کار بردن (را) 使用（动）: (5+)

به کار گرفته شدن 被使用（动）: (10+)

به کارگیری 使用（名）: (19)

بهمن برف 雪崩（名）: (16)

به منبر رفتن 走上讲台（动）: (17)

به نمایش گذاشتن 展示，展览（动）: (3)

به نهایت رسیدن 到了极限（动）: (7+)

به وجد آمدن 兴奋（动）: (13)

به وقوع پیوستن 发生（动）: (15+)

به هیچ وجه 无论如何不（副）: (20)

به یقین 无疑地（副）: (19)

بی انتها 无尽的（形）: (6)

بیانگر... بودن 表明（动）: (3)

بی پروا 无所畏惧的（形）: (13)

(11)（诗歌的）上下联（名）：بیت

(1) 急躁的，无耐性的（形）：بی تاب

(19+) 不固定的，浮动的（形）：بی ثبات

(1+) 失眠（名）：بی خوابی

(13) 压制；不公正（名）：بیداد

(8) 毫不犹豫地（副）：بی درنگ

(4+) 无计划的，不正规的（形）：بی رویه

(15) 饼干（名）：بیسکویت

(19+) 文盲（名）：بی سوادی

(7) 外国的，外来的（形）：بیگانه

(15) 心血管病（名）：بیماری قلبی و عروقی

(2) 传染病（名）：بیماری واگیردار

(20+) 无责任（名）：بی مسؤلیتی

(7) 冷遇，冷酷（名）：بی مهری

(20) 视力，视觉（名）：بینایی

(13) 贫困的，贫穷的（形）：بینوا

پ

(4) 存在，屹立（动）：پابرجا بودن

(9) 纸莎草（一种水草）（名）：پاپیروس

(11+) 婚礼后的第一天庆典（名）：پاتختی

(2+) 奖励，奖赏；报应（名）：پاداش

(2) 布（名）：پارچه

(4) 手绘布（名）：پارچهٔ قلمکار (قلم کاری)

(4) 说波斯语的（人）（形、名）：پارسی گو

-236-

(14) 一片云（名）: پاره ابر

(18) 破裂（动）: پاره شدن

(10) 巴黎（名）: پاریس

(11+)回门(双方家人宴请新人)（名）: پاگشا

(3) 遵循（动）: پای بند به ... بودن

(7+) 基地（名）: پایگاه

(20+) 基础（名）: پایه

(12+) 低的（形）: پایین

(12) 向下，下面（名）: پایین

(18+) 钾（名）: پتاسیم

(18) 煮（动）: پخته شدن

(1) 播放（动）: پخش شدن (کردن)

(4+) 出现（动）: پدید آوردن (را)

(5) 出现（动）: پدیدار شدن

(6+) 现象（名）: پدیده

(9+) 接受，招收（名）: پذیرش

(4) 著名的（形）: پرآوازه

(16) 分布（名）: پراکندگی

(3+) 扩散（动）: پراکنده کردن (را)

(14) 弯弯曲曲的（形）: پرپیچ و خم

(2+) 掷铁饼（名）: پرتاب دیسک

(10) 放射线（名）: پرتو افشانی

(16) 产生射线的（形）: پرتوزا

(2) 旗帜（名）: پرچم

(20+) 训斥，争吵（名）: پرخاش گری

(15) 大吃大喝（名）: پرخوری

-237-

پرداخت غرامت 支付赔款（名）(13+)

پررمز و راز 充满奥秘的（形）(4)

پررونق 繁荣的（形）(3)

پرستاری 护理（名）(2)

پرسه زدن 闲逛（动）(1)

پرمایه 有成就的（形）(13)

پرمخاطره 充满危险的（形）(17+)

پروتیین 蛋白质（名）(11+)

پرورش 教育（名）(1)

پژوهش 研究（名）(7)

پژوهشگر 研究者，研究员（名）(17+)

پست 低的，低洼的（形）(6+)

پس لرزه 余震（名）(16)

پسندیده 合适的，令人满意的（形）(11)

پشتوانه 保护者，支持者，保障（名）(20+)

پلیس 警察（名）(13+)

پمپ آب 水泵（名）(5+)

پناه 庇护处，避难所（名）(14)

پنبه 棉花（名）(11)

پنداشتن (پندار) 想像（动）(9)

پنهان 秘密的，隐藏的（形）(15+)

پوستهٔ زمین 地壳（名）(14)

پوسیدن (پوس) 腐烂（动）(9)

پوشاک 穿（名）(19)

پوشش گیاهی 植被（名）(4+)

پویایی 活力，能量（名）(14)

پیاده روی 步行，走路（名）(6+)

-238-

پیامد : 结果（名）(4+)

پیرامون : 周围，围绕（名）(12)

پیرطریقت :（意指）苏菲长老（名）(11)

پیرو : 信徒（名）(3)

پیش خرید کردن (را) : 预购（动）(17)

پیشروی : 前进（名）(12)

پیش گرفتن (را) : 采用，采取（动）(9)

پیشگیری : 预防（名）(2)

پیغام : 信息，口信（名）(13)

پیکار : 斗争（名）(13)

پیوند دادن : 结合（动）(10)

ت

تابش : 照射（名）(6+)

تابلو : 招牌，布告（名）(1)

تأثیر داشتن (در) : 产生影响（动）(6)

تا زدن (را) : 折叠（动）(9)

تأسیسات : 机构，设施（名）(5+)

تأمل کردن (در) : 思考，思索（动）(14)

تأمین : 保障（名）(2+)

تأنی : 慢条斯理，缓慢（名）(20)

تأیید : 强调，确认（名）(11)

تباهی : 腐朽，堕落（名）(13)

تب خفیف : 低烧（名）(8+)

تبدیل شدن (به) : 变换（动）(4+)

تبعید شدن (به) : 被流放（动） (13)

تبلیغ : 宣传（名） (7+)

تجارت : 贸易（名） (13)

تجارتی : 贸易的（形） (5)

تجاوز : 侵略（名） (13)

تجاوز کردن (به) : 侵略（动） (13+)

تجدد : 振兴，复兴（名） (13)

تجدید قوا : 恢复体力（名） (15)

تجربه : 体验,经历（名） (1)

تجزیه : 分解（名） (16)

تجزیه کردن (را) : 分解（动） (18)

تجلیل کردن (از) : 赞赏（动） (17)

تجمع چربی : 脂肪堆积（名） (15)

تجویز شده : 许可的，准许的（形） (15)

تحت ... : 在……下（介） (10+)

تحت تعقیب قرار گرفتن : 受到追捕，受到追踪（动） (16+)

تحرک : 运动，活动（名） (15)

تحسین : 赞扬（名） (20)

تحمیل کردن (را، به) : 强加（动） (17+)

تحولات : ج تحول 变化，变革（名） (9)

تحویل گرفتن (را) : 接管，接受（动） (2+)

تخریب : 破坏（名） (15+)

تخصص : 专业，专长（名） (9+)

تخلیه : 散开，扩散，撤出（名） (3+)

تخمین : 推测（名） (14+)

ترب : 萝卜（名） (18+)

ترب سیاه : 红萝卜（名） (18+)

ترجیح دادن (را ، بر) (动) : 宁愿……, 而不愿…… (9+)

تردید داشتن (动) : 怀疑 (20)

ترغیب کردن (را ، به) (动) : 鼓励 (11)

ترمیم شدن (动) : 愈合, 再生 (8)

ترویج (名) : 推广 (6+)

تریاک (名) : 鸦片 (15+)

تسلط داشتن (بر) (动) : 控制, 掌握 (17+)

تسنن (名) : 逊尼派 (3)

تسهیلات (名) : 便利 (设施) (4+)

تشخیص (名) : 区分, 分辨 (8)

تشخیص دادن (را) (动) : 分辨, 区别 (20)

تشدید (名) : 加剧 (4+)

تشکل (名) : 组织 (13+)

تصویب (名) : 通过, 批准 (2)

تضمین کردن (را) (动) : 保障 (1+)

تطمیع (名) : 引诱, 收买 (7+)

تطور (名) : 发展, 变化 (13)

تظاهرات کردن (动) : 游行示威 (13+)

تعارف کردن (动) : 请客, 招待 (17)

تعبیر (名) : 短语 (7)

تعبیرشدن (动) : 解释 (20+)

تعدی (名) : 侵犯 (13)

تعلیم (名) : 教育 (20)

تعهد کردن (动) : 承诺, 保证 (13+)

تعیین کردن (را) (动) : 确定 (2+)

تغذیه (名) : 饮食 (15)

-241-

تغذیه کردن : (18) 吃，供养（动）

تفاوت : (16) 差别，区别（名）

تفرج کردن : (6) 漫游，散步（动）

تفرقه : (20+) 分散，解散（名）

تفسیر : (17) 注释，解释（名）

تفکیک کردن(را) : (6+) 分解，分开（动）

تقدیم کردن (را ، به) : (4) 奉献，呈上（动）

تقسیم سلول : (8) 细胞分裂（名）

تقلید کردن (از) : (20) 模仿（动）

تقویت کردن (را) : (15) 增强，加强（动）

تکامل : (9+) 完善（名）

تکلم کردن : (20) 说话（动）

تکمیل کردن (را) : (7) 完善（动）

تکیه به ... : (7+) 凭，靠（名）

تگرگ : (16) 冰雹（名）

تلاش : (7) 奋斗（名）

تلاطم : (14) 涌动，动荡（名）

تلألو : (5) 光芒（名）

تلفات : ج تلف (16) 伤亡，损失（名）

تلویزیون : (18+) 电视（名）

تمایل پیدا کردن (به) : (11+) 产生意愿（动）

تمرکز : (4+) 集中（名）

تن : (4+) 吨（名）

تناسخ : (17+) 生死轮回（名）

تنفس : (8+) 呼吸（名）

تنگدستی : (7) 贫困（名）

تنگه : 峡谷（名）(17+)

تنها : 仅仅（副）(1)

توافق داشتن : 同意（动）(19+)

توان : 力量（名）(1+)

توانمند : 有才能的（形）(19+)

توجه : 关注，注意（名）(2)

توجه ...را به خود جلب کردن : 吸引某人的注意力（动）(6)

تودۀ یخ : 冰块（名）(6+)

تورق : 翻阅（名）(1)

توزیع : 分配（名）(15+)

توسط ... : 通过……，借助……（介）(1+)

توسعه : 发展（名）(4+)

توصیف کردن (را) : 描绘（动）(6)

توصیه : 推荐（名）(1)

توضیح دادن (را) : 解释（动）(20)

توطئه : 阴谋（名）(7+)

توفیق یافتن : 成功（动）(20+)

تولید کردن : 生产（动）(8)

تومور : 肿瘤（名）(8)

تهدید کردن (را) : 威胁（动）(6+)

تیر : 箭，子弹（名）(6)

ث

ثابت : (5+) 固定的（形）

ثابت کردن : (11) 证明，证实（动）

ثبت کردن (را) : (14) 记录，记载（动）

ثبت و ضبط کردن (را) : (17) 记录，记载（动）

ثروت : (5) 财富（名）

ثمربخش : (2) 有成效的（形）

ج

جابه جا شدن : (8) 转移（动）

جاجیم : (3) 粗毛织毯（名）

جاری شدن : (3) 流动（动）

جالب توجه : (17) 值得关注的（形）

جامد : (8+) 固体的（形）

جامع : (4) 全面的（形）

جامعه : (2+) 社会（名）

جان باختن (باز) : (14) 丧命（动）

جانشین ... شدن : (2+) 代替……（动）

جانشینی : (18) 代谢（名）

جایزهٔ نوبل : (10) 诺贝尔奖（名）

جایگاه : (20+) 地位（名）

جدیت : (19+) 认真，努力（名）

جذاب : (1) 有吸引力的，有魅力的（形）

جذب شدن : (18) 吸收（动）

جذبه : (20) 吸引力，魅力（名）

جرم : (12) 物体（名）

جریان هوا : (3+) 气流，风向（名）

جزر و مد دریا : (5) 潮汐， 潮水涨落（名）

جزیرهٔ کیش : (17) 基什岛（名）

جستجو : (17) 寻找（名）

جسمانی : (8+) 身体的，体力的（形）

جلد : (1) 封面，封皮（名）

جلد : (1) 册（名）

جلوه : (5) 展现（名）

جمادی : (17) 固体的（形）

جماعت : (17) 集体，全体（名）

جمعیت بین المللی صلیب سرخ : (2) 国际红十字会（名）

جمعیت خیریه : (2) 慈善组织（机构）（名）

جمعیت شیرو خورشید سرخ : (2) 红太阳狮子协会（名）

جمعیت هلال احمر : (2) 红新月会（名）

جناح اقلیت : (7+) 少数派（名）

جناح مخالف : (7+) 反对派（名）

جنایت : (16+) 罪行，犯罪（名）

جنباندن (را) : (جنبان) (20) 摆动，摇动（动）

جنس : (9) 物品（名）

جنگ تحمیلی : (4) 特指两伊战争（名）

جو : (6+) 大气，空气（名）

جوامع : ج جامعه (19+) 社会（名）

جوجهٔ بریان : (17) 烤鸡（名）

جوهر : (17) 本质，精髓；墨水（名）

جهیزیه : 嫁妆（名）(11+)

جیب : 口袋（名）(7+)

چ

چاپ شدن : 出版（动）(7)

چاپخانه : 印刷厂（名）(9+)

چادرنشینی : 游牧生活（名）(3)

چاره اندیشی : 想办法（名）(14)

چاشنی دادن (را) : 调味（动）(17)

چربی : 脂肪（名）(8+)

چرکی شدن 化脓（动）(8+)

چرم : 皮（名）(9)

چرند و پرند : 无稽之谈（刊名）(7)

چسباندن (را) : (چسبان) 贴，粘（动）(9)

چشم انداز : 景色，视野（名）(3)

چشم پوشیدن (از) : 放弃（动）(10)

چشم دوختن (به) : 凝视（动）(6)

چشمگیر : 明显的（形）(15+)

چغندرقند : 甜菜（名）(18)

چوپان : 牧羊人（名）(6)

چیزی را ... دانستن : 把……认为……（动）(7+)

چیزی را ازخود دورساختن : 消除（动）(1+)

چیزی را به خاک رساندن : 压倒，打翻（动）(20)

چیزی را در اختیار...گذاشتن : 把……提供给……（动）(10)

چیزی را...قراردادن :

(2+) 把……确定为……，把……置于……（动）

ح

حاجت بودن (به) : 需要（动） (9)

حاشیه : 边缘，周边（名） (3)

حاصلخیز : 肥沃的（形） (16+)

حاکی از...بودن : 说明，表明（动） (8)

حالتی به کسی دست دادن : ……（动）某人感到（产生） (19)

حاوی : 包含……的，含有……的（形） (7)

حجاز : 希贾兹（今沙特阿拉伯）（名） (17)

حجم : 容量（名） (5+)

حداقل : 至少（副） (8+)

حداکثر : 最多（副） (3+)

حدس زدن : 猜测（动） (10)

حدیث : 圣训（名） (17)

حرارت : 温度（名） (14)

حرمت : 尊严（名） (9+)

حروف چینی : 排字（名） (9)

حزب توده : 人民党（名） (7+)

حسادت : 嫉妒（名） (1+)

حساس : 敏感的（名） (16)

حساسیت حواس : 感觉灵敏（名） (16)

حسودی : 嫉妒（名） (1)

حضور داشتن : 出席，在场（动） (17)

حفاظت : 保护，保存（名） (6+)

حقوق : 法律（名） (7)

حقیقی : 真实的，真正的（形） (20)

حکایت از ... داشتن : 表明……（动） (4)

حکومت : 政权（名） (7+)

حکیم : 哲学家（名） (6)

حلقهٔ نامزدی : 订婚戒指（名） (11+)

حلوا : 一种甜点（名） (11)

حمام : 浴室（名） (4)

حمل و نقل : 交通，运输（名） (5)

حنابندان : 染色（旧时传统：给手指和脚指染色）（名） (11+)

حوادث : ج حادثه 事件，事故（名） (2)

حواشی : ج حاشیه 边缘（名） (3+)

حوله : 毛巾（名） (8+)

حیات : 生命（名） (5)

حیاتی : 要害的（形） (15)

حیث : 方面（名） (5)

حیرت زده : 惊恐的，惊吓的（形） (14)

خ

خاتمه یافتن : 结束（动） (13+)

خارش : 搔痒（名） (8)

خاصیت : 性能（名） (6+)

خاکستر : 灰（名） (14)

خال : 痣（名） (8)

خاندان : 家族（名） (11)

خانوار : 家庭（名） (19+)

خاورمیانه : 中东（名） (15+)

خداداد : 真主恩赐的（形） (14+)

خدمتکار : 服务员（名） (11)

خراب : 毁坏的（形） (4)

خرافات : 迷信（名） (17+)

خردسال : 年幼的（形） (10)

خردل : 芥末（名） (15)

خردی : 幼年（名） (7)

خریدار : 购买者（名） (1)

خزان زرین : 金秋（名） (20)

خزه : 海苔（名） (5)

خسارات : ج خسارت（名）损失 (13+)

خشکاندن (را) : (خشکان)（动）晒干，弄干 (9)

خشم : 生气（名） (5)

خشمگین : 生气的（形） (20)

خطاب به ... : 面向……，对……（名） (13+)

خطبه : 布道，传教（名） (17)

خطبهٔ عقد : 婚约，契约（名） (11+)

خط میخی : 楔形文字（名） (9)

خطه : 地区，区域（名） (3)

خط هیروگلیف : 象形文字（名） (9+)

خمس : 五分之一（名） (17)

خمودگی : 无精打采，萎靡不振（名） (15)

خمیر : 糊状物（名） (9)

خواستگاری کردن (از) : 求婚（动）(11+)

خواسته : 要求，请求（名）(19)

خواننده : 读者；歌唱家（名）(11)

خودرو : 机动车（名）(12)

خودکامه : 专横的，专制的（形）(13)

خودنمایی کردن : 展现（动）(4)

خوراک : 吃（名）(19)

خوشبختی : 幸福（名）(1+)

خوش خیم : 良性的（形）(8)

خوش نقش و نگار : 图案优美的（形）(4)

خوش نویس : 书法家（名）(9)

خونریزی : 出血，流血（名）(8)

خون گرم : 热情的（形）(3)

خویشاوند : 亲戚（名）(11+)

خیره شدن : 凝视（动）(14)

خیره کننده : 眼花缭乱的（形）(5)

خیمه زدن (بر) : 驻扎（动）(7+)

د

دادگاه : 法庭（名）(2+)

دارچین : 桂皮（名）(17+)

داماد : 新郎（名）(11+)

دام داری / دام پروری : 畜牧业（名）(3)

دامنه : 山脚，山麓（名）(3)

دامنه : 范围（名）(2)

دانسته : 知识（名）(20+)

دانش آموخته : 有知识的（形）(19+)

داوطلب : 自愿者（名）(2)

دایره : 圆圈（名）(12)

دایماً : 总是（副）(8)

دایمی : 经常的（形）(8)

دبیر : 中学教师（名）(1)

دبیرخانه : 秘书处（名）(2+)

دبیرکل : 秘书长（名）(13+)

دجله : 底格里斯河（名）(11)

دخالت داشتن (در) : 干预，干涉（动）(15+)

دخانیات : 烟草（名）(15+)

درازا ... : 面对……（介）(17)

درامان بودن (از) : 安全（动）(2)

دراویش : ج درویش 苦行僧（名）(17)

درایت : 聪明，有智慧（名）(4)

در پی ... بودن : 追随，追求（动）(5)

درجهٔ لیسانس : 学士学位（名）(20)

درچهارچوب ... : 在……框架内（介）(10+)

درحال حاضر : 目前（副）(8)

درحدود : 大约（介）(2)

درحق ... : 为……（介）(13)

درحقیقت : 事实上（副）(2)

درحین ... : 在……时候（介）(20)

درخشان : 闪闪发光的（形）(14)

درخشیدن : (درخش) 发光（动）(12)

در زمرهٔ ... : 在……之列（介）(10+)

در زمرهٔ ... درآوردن (را) : 跻身于……之列（动）(17)

درسال های اخیر : 近几年来（介）(9)

درسایهٔ ... : 由于……（介）(10)

درصد : 百分数（名）(5+)

در صدد... برآمدن : 打算（动）(19)

درعرض ... : 在……之内（介）(7+)

درعوض : 相反，反过来（连）(1)

درعین حال : 同时（介）(6+)

درک کردن (را) : 理解（动）(11)

درگرفتن : 发生，爆发（动）(2)

درمان فوری : 急救（名）(2)

درمعرض ...قرار گفتن : 处于……中，遭受到……（动）(10)

درمیان گرفتن (را) : 包围（动）(3)

درنده : 凶猛的，野兽（形、名）(19)

درنظر داشتن (را) : 考虑（动）(5)

در نهایت سکون : 极其安静地（副）(17)

درودگری : 木工手艺（名）(3)

در ورودی : 入口处（名）(1)

درون : 内部（名）(5+)

در یافتن : (یاب) 明白，理解（动）(5)

دریافت کردن (را) : 获得，收到（动）(2+)

دریای آزاد : 公海（名）(15+)

دریغ کردن (از) : 拒绝，吝啬（动）(15)

دست به عمل زدن : 实施，动手做（动）(20+)

دست به گریبان بودن : 挣扎，煎熬（动）(20+)

دسترسی داشتن (به) : 能得到（动）(5+)

دست کشیدن (به) : 伸手，伸手触摸（动）(1)

دستگاه ادراری : 泌尿系统（名） (15)

دستگاه گردش خون : 血液循环系统（名） (15)

دستگاه گوارش : 消化系统（名） (15)

دستگیر شدن : 被捕（动） (7+)

دستمال : 手帕（名） (8+)

دست یابی : 获取（名） (6)

دست یافتن (به) : 获得（动） (1+)

دسته بندی : 分类（名） (16)

دسته جمعی : 集体的（形） (1)

دشتبان : 看护庄稼的人（名） (12)

دغل : 虚伪的，欺骗的（形） (11)

دفاع کردن (از) : 捍卫，保卫（动） (3)

دفن شدن : 填埋（动） (4+)

دقت نظر : 细心观察（名） (17)

دقیق : 准确的，精确的（形） (6)

دلار : 美元（名） (7+)

دلپذیر : 合心意的（形） (1)

دلتا : 三角洲（名） (6+)

دلچسب : 令人愉快的，有趣的（形） (1)

دلخواه : 心仪的，心爱的（形） (13)

دلسوز : 关心的，同情的（形） (2)

دل کندن :(کن) 舍弃（动） (1)

دلیل : 原因（名） (1)

دما : 温度（名） (3+)

دمادم : 不断地（副） (13)

دماغ : 鼻子（名） (17)

دماوند : 达马万德峰（名） (14)

دمای معمولی : 常温（名）(18)

دنیوی : 人间的，世俗的（形）(17+)

دو : 田径（名）(2+)

دوام یافتن : 持续（动）(8)

دوبیتی : 四行诗（名）(13)

دوچندان : 双倍的，加倍的（形）(5)

دوده : 烟灰（名）(9)

دو دهه : 二十年（名）(15+)

دودی رنگ : 烟色的（形）(12)

دوربین فیلم برداری : 摄像机（名）(12)

دورماندن (از) : 脱离，掉队（动）(1)

دورهٔ ابتدایی : 小学（名）(12+)

دورهٔ پیش دانشگاهی : 大学预科（名）(12+)

دورهٔ پیش دبستانی : 学龄前（名）(12+)

دورهٔ راهنمایی : 初中（名）(12+)

دورهٔ متوسطه (دبیرستان) : 高中（名）(12+)

دولت : 政府（名）(2+)

دهانهٔ کوه : 山口（名）(14)

دیار : 国土（名）(17+)

دی اکسید ازت : 二氧化氮（名）(16+)

دی اکسید گوگرد : 二氧化硫（名）(16+)

دی اکسید نیتروژن : 二氧化氮（名）(6+)

دیپلم : 高中文凭（名）(12+)

دیده از جهان فرو بستن : 去世（动）(10)

دیده به جهان گشودن : 出生（动）(7)

دیرگاه : 晚，很晚（名） (10)

دیری نپایید : 没过多久（短语） (10)

دیری نگذشت : 没过多久（短语） (12)

دیرینه : 悠久的（形） (14)

دین : 债（名） (17)

دین دار : 有宗教信仰的（形） (3)

دین مسیح : 基督教（名） (3)

دین یهود : 犹太教（名） (3)

دیو : 魔鬼（名） (20)

دیوان : 诗集（名） (1)

دیوانه وار : 发疯似地，像疯子似地（副） (20)

ذ

ذبح کردن (را) : 屠宰，宰杀（动） (17)

ذخیره شدن : 储存（动） (18)

ذرات : ج ذره 分子（名） (6+)

ذرت : 玉米（名） (18)

ذکاوت : 敏锐，机智（名） (4)

ر

رابطه : 关系（名） (20+)

راجع به ... : 关于……（介） (1)

رادیوم : (Radium) 镭（名） (10)

رأس ساعت... : ……点正（名） (1)

راکد ماندن : 静止，停滞（动） (3+)

رام کردن (را) : 服从，听从（动） (14)

راه خروجی : 出路（名） (14)

راهزن : 强盗（名） (17+)

راه یابی : 领航，导航（名） (6)

رأی : 选票（名） (7+)

رایج : 流行的（形） (11)

رجحان داشتن (بر) : 优于……（动） (9)

رحله : 游记（名） (17)

رخ دادن : 发生（动） (16)

رخوت : 软弱无力（名） (15+)

رسانهٔ همگانی : 公众媒体（名） (12)

رسیدگی : 视察（名） (2)

رشادت : 勇敢，勇气（名） (3)

رشت : 拉什特（名） (12)

رشته کوه : 山脉（名） (3+)

رشد : 发展（名） (9+)

رشک : 羡慕（名） (4)

رصدخانه : 天文馆（名） (6)

رضایت : 满意（名） (19)

رعایت : 遵循（名） (15)

رغبت داشتن (به) : 喜爱，有兴趣（动） (13)

رفاه : 繁荣，富裕（名） (10+)

رفتار : 言行，举止（名） (11)

رفع شدن : 消除（动） (7+)

رقعه : 便笺，便条（名） (17)

رقم فوق : 上述数字（名） (14+)

رگ خونی گشاد شدن : (15) 血管扩张（动）

رنسانس : (9+) 文艺复兴（名）

رنگ زدن (به) : (5) 染色（动）

رواج دادن (را) : (9) 推广，使流行（动）

روان بودن : (1) 走向，出发（动）

روانی : (15) 心理的（形）

رو به ... بودن : (11+) 日益……，日趋……（动）

رو به رو شدن (با) : (19) 面临，碰到（动）

روحانی : (13+) 神职人员（名）

رود نیل : (9) 尼罗河（名）

روده : (8) 肠子（名）

روزافزون : (9+) 日益增长的（形）

روزمره : (1+) 日常的（形）

روستایی : (6) 农民（名）

روماتیسم قلبی : (15) 风湿性心脏病（名）

روند : (15+) 进程（名）

رؤیا : (5) 幻想（名）

رویانیدن : (رویان) (20) 使……生长（动）

روی آوردن (به) : (7) 转向……（动）

روی بر گردانیدن (از) : (گردان) (7) 脱离，放弃（动）

روی دادن : (9) 发生（动）

روی کار آمدن : (7) 上台（动）

روی هم رفته : (13) 总之（副）

رهبر : (7+) 领导人（名）

رهبری : (1+) 领导（名）

رهنمون گشتن/ شدن (را ، به): (گرد) (13) 指引（道路）（动）

(7) 主任，校长（名）: رياست

(17+) 修行，修练（名）: رياضت

(3) 流入，流淌（动）(ريز) : ريختن

(6) 细小的（形）: ريز

(11) 绳子（名）: ريسمان

(16) 震级（名）: ريشتر

(18) 根（名）: ريشه

(17) 小石子（名）: ريگ

(7+) 总统（名）: رييس جمهور

ز

(10) 出生（动）: زاده شدن

(11+) 扎格罗斯山（名）: زاگرس

(17) 祠堂，殿（名）: زاويه

(11+) 产物（名）: زاييده

(4+) 垃圾（名）: زباله

(8) 舌头（名）: زبان

(3) 众口相传，众所周知（动）: زبان زد بودن

(12) 火舌（名）: زبانهٔ آتش

(4+) 熟练的，手巧的（形）: زبردست

(13) 勤奋的（形）: زحمتکش

(8) 伤，伤口（名）: زخم

(2) 伤员，受伤的（名、形）: زخمی

(14+) 富饶的，肥沃的（形）: زرخيز

(18) 蛋黄（名）: زردهٔ تخم مرغ

(8) 疣，湿疣（名）: زگيل

(2) 地震（名）: زلزله

زلزله خیز : 地震多发的（形） (16)

زلزله نگار : 地震仪（名） (14)

زمزمه : 轻唱，哼唱（名） (20)

زمینهٔ...را برای...فراهم کردن :

(11+) 提供……条件，奠定……基础(动)

زناشویی : 婚姻（名） (10)

زنجان : 赞詹（名） (3)

زنجیر : 链条（名） (13+)

زندگی عشایری : 游牧生活（名） (11+)

زنده ماندن : 生存（动） (5+)

زوایا : ج زاویه 方位，角度（名） (1+)

زوج : 一对（夫妇）（名） (10)

زورق : 船，小艇（名） (17)

زئوس : 宙斯神（名） (2+)

زیارت : 朝圣，朝觐（名） (17)

زیانبار : 有害的（形） (15+)

زیتون : 橄榄（名） (2+)

ژرفا : 深处，深度（名） (14+)

س

سابق : 以前的（形） (2+)

ساحلی : 沿海的（形） (5)

ساختار : 构造，构建（名） (18)

ساخت و ساز : 建设（名） (4+)

ساده : 简朴的，简单的（形） (9+)

سارق : 盗窃犯（名）(16+)

سازمان بهداشت جهانی : 世界卫生组织（名）(15+)

سازمان جاسوسی : 情报（特务）组织（名）(7+)

سازمان ملل متحد : 联合国（名）(2+)

سازنده : 有益的，有作用的（形）(16)

ساسانیان : 萨珊王朝（名）(17+)

ساقط کردن (را) : 推翻（动）(7+)

ساقه : 茎，秆（名）(9)

ساکارز : 蔗糖（名）(18)

ساکن بودن : 居住（动）(4)

سالاد : 色拉（名）(18+)

سالانه : 每年（名）(4+)

سالیان دراز : 长年累月（名）(10)

سایر : 其他的（形）(2)

ساییدن : (سای) 磨擦（动）(5)

سبک : 风格（名）(7)

سبک شناسی : 文体学（名）(13)

سبوس دار : 含麦麸的（形）(18)

سپاس و قدرشناسی : 感恩，感谢（名）(5)

سپاه : 军队，部队（名）(17+)

سپری شدن : 过去，结束（动）(20)

سپیده دم : 黎明，拂晓（名）(12)

ستارۀ دنباله دار : 彗星（名）(6)

ستاندن : (ستان) 取，获得（动）(11)

ستایشگر : 颂扬者，赞美者（名）(13)

ستمگر : 压迫者（名）(13)

-260-

ستودن : (ستای) 赞美（动） (13)

ستیزه جویی 争吵，打架（名）(20+)

سحرگاهان : 拂晓，黎明（名）(5)

سحری 斋月黎明前吃的食物（名）(18+)

سخاوتمندی : 慷慨（名）(3)

سخت کوش : 刻苦的，勤奋的（形）(3)

سخنران : 演讲人（名）(10)

سخنرانی : 演讲（名）(1+)

سران : 首脑（名）(2+)

سر به فلک کشیده : 耸入云宵的（形）(14)

سرپرستی : 监护，监管（名）(7)

سرپناه : 住处（名）(19)

سرپوش 盖子（秘密）（名）(13+)

سرچشمه گرفتن (از) : 发源（动）(3)

سرحالی : 情绪饱满（名）(15)

سرخ گون : 红彤彤的（形）(5)

سردر : 牌楼（名）(4)

سرشار شدن (از) : 充满（动）(3)

سرطان : 癌（名）(8)

سرعت گرفتن : 加快速度（动）(15+)

سرفه : 咳嗽（名）(8)

سرقت 盗窃，抢劫（名）(16+)

سرک کشیدن : 探头（观察）（动）(14)

سرکشی : 视察，巡查（名）(17)

سرکه : 醋（名）(11)

سرگردانی 困惑，不知所措（名）(7+)

-261-

سرلشکر：将军，将领（名）(7+)

سرمایه‌گذاری：投资（名）(5+)

سرمقاله：社论（名）(7)

سرنگون شدن：倒台（动）(7+)

سرنوشت：命运（名）(6)

سرور：欢乐，愉快（名）(17)

سس：调味汁（名）(18+)

سستی：萎靡不振（名）(15+)

سطر：行（字里行间）（名）(10)

سفالگری：制陶业（名）(9+)

سفت：硬的（形）(8)

سفرنامه：游记（名）(4)

سفره：餐桌（名）(11)

سفیر：使节，大使（名）(17+)

سقا：供水者（名）(17)

سقف：天花板（名）(6+)

سقوط：垮台（名）(7+)

سکتهٔ مغزی：脑梗（名）(15)

سکوت：沉默（名）(20)

سکون：安静，平静（名）(17)

سکونت：居住（名）(11+)

سل：肺结核（名）(13)

سلامت：健康（名）(8+)

سلحشور：英勇的（形）(11+)

سلطان：君主，国王（名）(17)

سلول : 细胞（名）(18)

سلولز : 纤维素（名）(18)

معده : 胃（名）(18+)

سماط : 餐饮（服务）（名）(17)

سماور : 茶炊（名）(18+)

سماوی : 天空的（形）(12)

سمی : 有毒的（形）(16+)

سنبل : 风信子（名）(17)

سنگ کلیه : 肾结石（名）(18+)

سنگ مرمر : 大理石（名）(16+)

سنندج : 萨南达季（名）(3)

سوخت : 燃料（名）(4+)

سودجویی : 追求名利（名）(10)

سودمندی : 益处（名）(5)

سوزش گلو : 咽喉刺痛（名）(8+)

سوگ : 丧事（名）(10)

سوء تغذیه : 营养不良（名）(15+)

سوء هاضمه : 消化不良（名）(8)

سوئد : 瑞典（名）(10)

سویس : 瑞士（名）(2)

سهم داشتن : 有贡献（动）(4)

سهیم بودن (در) : 参与，分担（动）(7+)

سیاره : 行星（名）(5+)

سیاست : 政治（名）(7)

سیاست مدار : 政治家（名）(13+)

سیب زمینی : 土豆（名）(18)

-263-

سیدارتا : 悉达多（名）(17+)

سیرت : 行为，品行（名）(17)

سیری ناپذیر : 不知足的（形）(19)

سیستم عصبی : 神经系统（名）(15)

سیگار کشیدن : 吸烟（动）(8)

سینه : 胸（名）(5)

ش

شاخص کردن (را) : 使……明显（动）(14+)

شادابی : 精力充沛，朝气蓬勃（名）(15)

شادی : 兴奋（名）(10)

شام : （旧）叙利亚（名）(17)

شاهد ... بودن : 见证，目睹（动）(12)

شایع : 流行的（形）(8+)

شب بیداری : 熬夜（名）(12)

شبکه : 网（名）(4+)

شبنم : 露水（名）(20)

شتابان : 匆忙的（地）（形、副）(1)

شتافتن (به) : (شتاب) 赶忙，前往（动）(2)

شتر : 骆驼（名）(11)

شجاعت : 勇敢（名）(3)

شخص : 个人（名）(8)

شخصیت های ملی : 民主人士（名）(13+)

شریانی : 动脉的（形）(15)

شریعت : 宗教（法规）（名）(3)

شعبه : 部门，分支（名）(2)

شعله مانند : (12) 像火焰似的（形）
شفق : (5) 霞光（名）
شکاف برداشتن : (14) 裂开，破裂（动）
شکل گیری : (16) 形成，组成（名）
شکم : (15) 肚子（名）
شکوفایی : (19+) 繁荣（名）
شکوهمند : (3) 壮观的，壮丽的（形）
شمردن (را) : (شمار) (9) 数，点数（动）
شناختن (را) : (شناس) (6) 认识（动）
شنگرف : (13) 朱砂（名）
شنوا : (20) 有听力的（形）
شنوایی : (20) 听力，听觉（名）
شنونده : (11) 听众，听者（名）
شواهد : ج شاهد (7) 例证（名）
شور : (5+) 咸的（形）
شورای انقلاب : (2) 革命委员会（名）
شورای قیمومت : (2+) 监管会（名）
شهاب : (6) 流星（名）
شهدا : ج شهید (4) 烈士（名）
شهرکرد : (11+) 沙赫尔库尔德（名）
شهرنشین : (15) 城市居民（名）
شهرنشینی : (4+) 城市化（名）
شهریار : (3+) 沙赫里亚尔（名）
شیخ : (17) 长老，教长（名）
شیرآب : (20) 水龙头（名）
شیره : (18) 汁，液（名）

شیعه : (3) 十叶派（名）

شیمیایی : (8) 化学的（形）

ص

صابون : (8+) 肥皂（名）

صاحب ...شدن : (10+) 拥有……（动）

صاحب فکر : (19+) 有思想的（形）

صاحب نظر : (4+) 专家，学者，有见解的人（名）

صبر و حوصله : (20) 耐心，忍耐（名）

صحت : (19) 正确（名）

صخره : (3) 岩石（名）

صدر : (7) 开始，初期（名）

صفا : (10) 祥和，清澈（名）

صلح جویانه : (10+) 和平的（形）

صمغ : (9) 树胶（名）

صنعتگر : (4) 工匠（名）

صور اسرافیل : (7) 天使号角 （报刊名）

صورت بلور : (18) 晶体（名）

صورت فلکی : (14) 星座（名）

صورت گرفتن : (5) 形成，完成（动）

صید ماهی : (5) 捕鱼（名）

صید مروارید : (17) 采集珍珠（名）

ض

ضخیم：厚的（形） (3)

ضرب المثل：谚语，成语（名） (7)

ضربان：跳动（名） (15)

ضرر کردن：亏损，损失（动） (19+)

ضمن ...：在……同时（介） (2+)

ضیافت：宴会（名） (17)

ط

طاقت فرسا：难以忍受的（形） (10)

طایفه：部落，家族（名） (11+)

طبقه بندی：分类，划分（名） (16)

طرح：计划，方案（名） (5)

طرح سری：秘密计划（名） (10+)

طرفدار：支持者，拥护者，支持……的，拥护……的（名、形） (15)

طفل نوزاد：新生儿（名） (20)

طلوع کردن：日出（动） (6)

طناب：绳子（名） (17)

طنز：讽刺，嘲笑；杂文（名） (7)

طنز پرداز：杂文作家（名） (7)

طومار：纸卷，卷轴（名） (9)

طی：درزبان ترکی به معنی جشن عروسی 婚庆（名） (17)

طی کردن (را)：经历，走过（动） (16+)

ظ

ظاهر شدن : 出现（动）(6)

ظرافت : 精致，细腻（名）(3)

ظرف : 器皿（名）(11)

ظرف چینی : 瓷器（名）(+9)

ظرفیت : 能量，潜能（名）(15)

ظلمت : 黑暗（名）(20)

ظهور : 产生（名）(+17)

ع

عادت داشتن (به) : 习惯（动）(9)

عازم ... شدن : 前往……（动）(+18)

عاقد : 公证人，证婚人（名）(+11)

عاقلانه : 理性地，理智地（副）(+1)

عالم مطبوعات : 新闻界（名）(7)

عالیه : 高层的（形）(+10)

عامل : 因素（名）(+3)

عامه (فولکلور) : 民间的，民俗的（形）(3)

عبارت : 短语，词语（名）(11)

عدالت : 公正，正义（名）(13)

عدم پای بندی : 不履行（名）(+15)

عدم تعادل : 不平衡（名）(+4)

عراق : 伊拉克（名）(3)

عرضه کردن (را) : 提供（动）(1)

-268-

عروس : 新娘（名）(11+)

عروسک : 布娃娃（名）(20)

عروق : ج عرق 血管（名）(15)

عریان : 裸露的（形）(3)

عزم : 决心（名）(10)

عشاق : ج عاشق 情人（名）(13)

عشایر : ج عشیره （游牧）部落（名）(6)

عضلات : ج عضله 肌肉（名）(15)

عضویت : 成员资格（名）(20+)

عطسه کردن : 打喷嚏（动）(8+)

عطش : 渴，渴望（名）(19)

عفونت : 感染（名）(15)

عقاید : ج عقیده 信仰，观点（名）(11)

عقب : 后面，落后的（名、形）(15+)

عقب ماندگی : 落后（名）(19+)

عقد : 订婚（名）(11+)

علاج : 治疗（名）(8)

علامت : 症状，标记（名）(8)

علامه : 博学者（名）(7)

علت : 缺点（名）(11)

علی رغم ... : 尽管……（连）(15+)

علیه ... : 反对……（介）(2+)

عمارت : 建筑物（名）(4)

عمدتاً : 大多数（副）(15+)

عمده : 主要的（形）(3)

عمر کردن : 活，生活（动）(18)

عمق : 深度（名）(5)

عمل دفع : 排泄行为（名） (18)

عموم : 全体，全部（名） (11)

عمومی : 公共的（形） (1)

عمیق : 深的（形） (6)

عناصر : ج عنصر 元素（名） (10)

عوامل ارثی : 遗传因素（名） (8)

عهد : 承诺（名） (3)

عیناً : 原本上，完全地（副） (20)

غ

غار : 山洞（名） (3)

غالب : 多数的，更多的（形） (3+)

غالباً : 通常（副） (2+)

غرفه : 展厅（名） (1)

غرور : 自豪（名） (20)

غریدن : (غر) 轰鸣（动） (14)

غزل : 抒情诗（名） (1)

غفلت : 疏忽，大意（名） (1)

غلبه کردن (به) : 战胜（动） (1+)

غنی : 丰富的（形） (1)

غواص : 潜水员（名） (17)

غوره : 未成熟的葡萄（名） (11)

غیر عادی : 非正常的（形） (8)

غیر قابل انکار : 不可否认的（形） (6+)

غیر قانونی : 非法的（形） (4+)

غیر واگیر دار : 非传染性的（形） (15+)

ف

فاجعه : 惨剧，灾难（名） (14)

فارس : 法尔斯省（名） (11+)

فاضلاب : 污水（名） (4+)

فامیل : 家人，亲戚（名） (11+)

فتح کردن (را) : 征服（动） (14)

فرات : 幼发拉底河（名） (11)

فرا خواندن : 召唤（动） (14)

فرا رسیدن : 来临（动） (7+)

فراش : 男仆（名） (17)

فراغ بال : 心平气和（名） (20)

فرا گرفتن (را) : 包围，占据（动） (5)

فرا گرفتن : 学习，掌握（名、动） (7)

فرآورده : 产品（名） (14+)

فراهم آمدن : 准备（名，动） (7+)

فراهم آوردن (را) : 制作（动） (9)

فربه : 胖的（形） (15)

فرضیه : 假设，推测（名） (6+)

فرمان راندن (بر) : (ران) 控制，统治（动） (9+)

فرنگی : 西洋的，欧洲的（形） (9)

فرو رفتگی : 凹陷（名） (9)

فرو ریختن : 倾倒，倒塌（动） (14)

فروغ : 光芒（名） (10)

فرهنگستان علوم : 科学院（名） (10)

فریفتن (را) : (فریب) 迷惑，诱惑（动） (10)

فساد：腐败（名）(13)

فسفر：磷（名）(18+)

فسیلی：化石性的（如煤炭）（形）(4+)

فشارخون：血压（名）(8+)

فشرده：压缩的（形）(14)

فضایل：ج فضیلت 学问，学识（名）(17)

فعالانه：积极地（副）(7+)

فعالیت：活动（名）(5+)

فقر：贫穷（名）(7)

فقها：ج فقیه 宗教法学家（名）(17)

فکاهی：幽默的，滑稽的（形）(7)

فکری：思想的（形）(1)

فلات：高原（名）(14+)

فلزکاری：金属制造业（名）(9+)

فلزی：金属的（形）(9)

فلسفه：哲学（名）(1+)

فلسفی：哲学的（形）(2+)

فلفل：辣椒（名）(17)

فن：技术（名）(9+)

فن آوری：技术（名）(10+)

فنجان：杯（名）(18+)

فن نساجی：纺织技术（名）(9+)

فواره：喷泉（名）(14)

فوران：喷发（名）(6+)

فوق الذکر：上述的（形）(10+)

فهرست：目录（名）(1)

فیزیک دان：物理学家（名）(10+)

فیزیکی：体力的（形）(15)

ق

قاب خاتم (خاتم کاری) : 镶嵌工艺（框）（名）(4)

قابل ... بودن : 值得……（动）(5+)

قابلیت مصرف : 消耗性（名）(19)

قاتل : 杀手，凶手（名）(10)

قاجاریه : 恺加王朝（名）(13)

قادر بودن (به) : 能（动）(3+)

قاره : 洲（名）(16)

قاری : 《古兰经》诵读者（名）(17)

قالب : 模式，模型（名）(6)

قانع : 满足的（形）(13)

قایق رانی : 划船（名）(20)

قایل بودن (برای) : 认为（动）(2+)

قبیله : 部落（名）(11+)

قتل : 杀害（名）(7)

قحطی : 歉收（名）(15+)

قدرت : 力量，权力（名）(3+)

قدمت : （悠久的）历史（名）(9+)

قدم گذاشتن (به) : 踏上，踏入（动）(6)

قرارداد : 合同（名）(13+)

قربانی : 牺牲（名）(14+)

قربانی کردن : 宰牲（动）(17+)

قرص : 圆状物（名）(12)

قرون وسطا : 中世纪（名）(9+)

قزوین : 加兹温（名）(7)

-273-

قشقایی : 部落名 (11+)

قشلاق : 冬营地（名） (11+)

قصد داشتن : 打算（动） (1)

قصه : 故事（名） (1)

قطب نما : 指南针（名） (9+)

قطع شدن : 停止（动） (3+)

قطع کردن (را) : 切开，割开（动） (17)

قعر : 底，底处（名） (17)

قلمرو : 领域（名） (7)

قلمزنی : 金属雕刻（名） (4)

قله : 山顶（名） (3)

قم : 库姆（名） (3+)

قنات : 地下水井（名） (16)

قند : 糖（名） (18)

قوا : ج قوه 军队（名） (7)

قوا : ج قوه 力气，力量（名） (15)

قوت : 强大（名） (15+)

قیمت : 价格（名） (1)

ک

کابل : 电缆（名） (16)

کاخ : 宫殿（名） (4)

کارآمد : 懂行的，内行的（形） (19+)

کاربرد : 应用（名） (10+)

کار پرداز : 管理者（名） (17)

کارت : 卡片（名）(20)
کارفکری : 脑力劳动（名）(19+)
کارمند : 职员（名）(12)
کاروان : 商队（名）(6)
کاروان سرا : 商队客栈（名）(4)
کارون : 卡隆河（名）(14+)
کار یدی (دستی) : 体力劳动（名）(19+)
کاستن (از) : (کاه) 减少（动）(8+)
کاسته شدن (از) : 减少（动）(8)
کاغذ سازی : 造纸（名）(9)
کافورگون : 像樟脑似的（形）(13)
کاکا : 哥哥（名）(11)
کالا : 物品（名）(5)
کالبد : 框架，结构（名）(4+)
کانال کشی : 挖掘运河（名）(5+)
کاندید : 候选人（名）(7+)
کانون : 中心（名）(1)
کاوش : 挖掘，探索（名）(5)
کاهش دادن (را) : 减少（动）(1+)
کاهو : 生菜（名）(18)
کبوتر : 鸽子（名）(13)
کبودی : 蓝灰色（名）(5)
کدبانو : 家庭主妇（名）(10)
کرج : 卡拉季（名）(3+)
کردار : 行动，行为（名）(11)
کرولال : 聋哑人（名）(20)
کره : 地球（名）(5)

کسوف : (12) 日食（名）
کسی را از کاری باز داشتن : (20) 阻止某人做某事（动）
کشاورز : (9+) 农民（名）
کشت : (15+) 耕种（名）
کشتزار : (14) 庄稼地（名）
کشتی رانی : (14+) 航海，航运（名）
کشورداری : (7+) 国家管理（名）
کشوردرحال رشد : (15+) 发展中国家（名）
کف : (3) 底部，水底（名）
کف : (5) 泡沫（名）
کلروفلوئورکربن : (15+) 氯氟碳化合物（名）
کلسترول : (15) 胆固醇（名）
کلسیم : (18+) 钙（名）
کلم : (18) 白菜（名）
کلیسا : (4) 教堂（名）
کلیه : (2+) 全部（名）
کمالات : (7) 才艺，技能（名）
کمبود : (4+) 缺少，缺乏（名）
کمپانی : (7+) 公司（名）
کم چربی : (8+) 低脂的（形）
کم خطر : (8+) 危险性小的（形）
کمر : (15) 腰（名）
کمربند : (16) 带（板块）（名）
کم نظیر : (9+) 罕见的（形）
کمیاب : (12) 少见的（形）
کناره گرفتن (از) : (7) 避开，躲开（动）
کنترل کردن (را) : (8) 控制（动）

كندن (را) : (كن) 剥，削（动）(9)

كنسرسيوم : 国际财团（名）(7+)

كواشيوركور : 浮肿（名）(18)

كوچ : 迁徙（名）(6)

كوچ نشين : 游牧民（名）(11+)

كودتا (كردن) : 政变（名）(7)

كوكايين : 可卡因（名）(15+)

كوير : 沙漠（名）(3+)

كهف : 洞穴（名）(11)

كهكشان : 银河（名）(6)

كهنه : 旧的（形）(11)

كيسه : 袋子（名）(17)

كيسۀ صفرا : 胆囊（名）(18+)

كيفيت : 质量（名）(15)

كينه : 仇恨（名）(1+)

گ

گداخته : 熔化的（形）(12)

گدازه : 熔岩，熔浆（名）(14)

گذران : 度过（名）(5+)

گذشته : 过去（名）(1+)

گرامی داشتن (را) : 尊重，重视，珍视（动）(3)

گرچه : 虽然（连）(4)

گردآوری : 收集（名）(7)

گردو : 核桃（名）(12)

گرفتگی صدا : 声音嘶哑（名）(8)

-277-

گروه امدادی : (名) 救援队 (2)

گرویدن (به) : (گرای) (动) 趋向于……, 倾向于…… (12)

گریبان گیر ... بودن : (动) 困扰……, 纠缠…… (+15)

گریز : (名) 逃跑 (+16)

گریه : (名) 哭 (7)

گز : (名) 长度单位（约等于 1 米）(4)

گزارش دادن (به) : (动) 报告 (+10)

گزند : (名) 伤害，灾难 (19)

گزیدن : (گز) (动) 咬 (7)

گستردن : (گستر) (动) 展开 (3)

گسترده : (形) 广泛的 (12)

گسترش پیدا کردن : (动) 发展 (+4)

گسترش یافتن : (动) 发展 (2)

گسستگی : (名) 断裂，破裂 (16)

گسل : (名) 断裂（层）(16)

گسیخته شدن : (动) 被断开 (+13)

گفت وگو : (名) 交谈 (1)

گلودرد : (名) 咽喉炎 (15)

گلیم بافی : (名) 线毛织物 (3)

گمان رفتن : (动) 认为 (+7)

گناه : (名) 罪，罪行 (11)

گنبدی : (形) 拱形的 (3)

گنجینه : (名) 宝库 (5)

گوارش (یافتن) : (名，动) 消化 (18)

گواهی نامه : (名) 证书 (10)

گودی : (名) 凹处，洼地 (12)

-278-

(11) 说话人；播音员（名）：گوينده

ل

(14+) 臭氧层（名）：لايهٔ ازون

(8+) 乳制品（名）：لبنيات

(12) 边缘（名）：لبه

(10) 产生乐趣的（形）：لذت آفرين

(16) 抖动，震动（名）：لرزش

(16) 地震仪（名）：لرزه نگار

(9+) 必要的（形）：لزوم

(7) 辞典，词典（名）：لغت نامه

(16) 滑动（动）（لغز）：لغزيدن

(16) 滑坡，泥石流（名）：لغزش زمين

(4) 称作（动）：لقب ... دادن (به)

(20) 结巴，口吃（名）：لكنت زبان

(20) 踢（动）：لگد زدن

(20) 触，摸（动）：لمس كردن (را)

(12) 必需品（名）：لوازم

(20) 书写板（名）：لوح

(8+) 扁桃腺（名）：لوزه

(10) 波兰（名）：لهستان

(18) 脂类化合物（名）：ليپيد

(18+) 柠檬（名）：ليمو

م

(10+) 事件（名）：ماجرا

مادی : (19) 物质的（形）

مارگزیده : (11) 被蛇咬过的（形）

ماسایی : (15) 马塞人（名）

مالی : (9+) 财政的（形）

مالیات پرداختن (به) : (9+) 缴税（动）

مالیدن : (مال) (8+) 接触（动）

مانع ... بودن : (3+) 阻止，阻碍（动）

ماهواره : (6) 卫星（名）

ماهی خوار : (5) 食鱼的（形）

مایع : (4+) 液体，液化的（名、形）

مایهٔ ... گردیدن : (4) 引起，致使（动）

مبادله : (10+) 交流（名）

مبارزه : (7) 斗争（名）

مبدأ تاریخ : (2+) 纪年开始（名）

مبلغ : (10) 款额，钱数（名）

مبنا : (20+) 基础（名）

متان : (6+) 沼气，甲烷（名）

متبلور : (19+) 鲜明的，透明的（形）

مترمکعب : (4+) 立方米（名）

مترو : (6+) 地铁（名）

متعدد : (1) 很多的（形）

متعلق به ... بودن : (17) 属于……（动）

متفاوت : (15) 不同的（形）

متفق : (2+) 同盟的，联盟的（形）

متفکر : (19+) 思考的，思想家（形、名）

متکی به ... بودن : (11+) 依靠……（动）

متمادی : (9+) 长久的，持续的（形）

متنوع : 种类繁多的（形） (1)

متوحش شدن : 受惊，害怕（动） (16)

متوسط بارش : 平均降雨量（名） (3+)

متوقع بودن (از) : 指望，期待（动） (20)

متوقف شدن : 中断（动） (2+)

متولد شدن : 出生（动） (17+)

مثال : 例子（名） (11)

مثانه : 膀胱（名） (8)

مثبت : 积极的，肯定的（形） (6+)

مثل همیشه : 与往常一样（副） (1)

مجال : 机会（名） (4)

مجانی : 免费地（副） (1)

مجاور : 邻近（周围）的（形） (8)

مجاورت : 接近，靠近（名） (17)

مجتمع پتروشیمی : 石化联合企业（名） (14+)

مجدداً : 再次（副） (13)

مجسم کردن (را) : 想像（动） (5)

مجسمه : 雕像（名） (2+)

مجسمه سازی : 雕塑，雕刻（名） (20)

مجمع عمومی : 全会（名） (2+)

مجموعه : 汇总，总合（名） (4)

مجهز کردن : 装备（动） (14)

مجید : 特指《古兰经》（形） (1)

محاسبات : ج محاسبه 计算（名） (6)

محافل علمی : 科学界（名） (10)

محتوا : 内容（名） (1)

محدود شدن (به) : 限制，局限（动） (2)

محراب : 清真寺中的壁龛（名） (17)

محرک : 动力（名） (19)

محروم بودن (از) : 被剥夺（动） (9+)

محزون : 低沉的，伤感的（形） (17)

محسوب شدن : 被看作（动） (6+)

محضر : 出席，在场（名） (17)

محقر : 简陋的（形） (10)

محقق : 研究员（名） (7)

محکوم شدن (به) : 被判刑（动） (7+)

محلول : 溶化的，溶解的（形） (18)

محو شدن : 消失（动） (12)

محوطه : 场所，场地（名） (1)

محیط زیست : 环境（名） (6+)

مخاطرات : ج مخاطره 危险（名） (16)

مخالف بودن (با) : 反对（动） (17+)

مخالفت : 反对（名） (13+)

مخترع : 发明家（名） (9+)

مختصر : 简要的，简略的（形） (19)

مخروط آتش فشان : 火山锥（名） (14)

مداخلات : ج مداخله 干涉（名） (13)

مدارا کردن (با) : 温和，和气（动） (20+)

مداوم : 持续的（形） (15+)

مدرک : 证书，文凭（名） (12+)

مدیترانه : 地中海（名） (7+)

مدیریت : 管理（名） (1+)

مدیون... بودن : 归功于……（动） (4)

مذاب : (14) 熔化的（形）

مذاکره (کردن) : 谈判（名）(2+)

مذکور : (19) 上述的（形）

مذهب : (2) 宗教（名）

مراتب : ج مرتبه（名）等级 (17)

مراتع : ج مرتع（名）牧场 (3)

مراجعه کردن (به) : 咨询（动）(8)

مراقب بودن : 照看，照顾（动）(1)

مراکش : 摩洛哥（名）(17)

مرتب : 不间断的，经常性的（形）(8+)

مرتب ساختن (را) : 整理（动）(13)

مرجان : 珊瑚（名）(5)

مرحله : 阶段（名）(20+)

مرداب : 池塘，沼泽（名）(14+)

مرغان مهاجر : 候鸟（名）(14+)

مرغوب : 优质的（形）(19)

مرکالی : 烈度（名）(16)

مرکب : 油墨（名）(9)

مرکبات : 柑橘类水果的总称（名）(14+)

مرکب از... : 由……组成的（形）(17+)

مرگبار : 致命的（形）(14)

مرگ و میر : 死亡（名）(8)

مروارید : 珍珠（名）(5)

مزایا : ج مزیت（名）好处，优惠，优势 (20)

مزبور : 上述的（形）(16)

مزدور : 雇佣（名）(7+)

مس : 铜（名）(12)

مساحت : (15+) 面积（名）

مساعد : (3) 宜人的（形）

مسافت : (16+) 距离（名）

مسالمت آميز : (20+) 和平的（形）

مستعد : (16) 有潜能的，有能量的（形）

مستقل : (10+) 独立的（形）

مستقيماً : (10+) 直接地（副）

مستلزم ... بودن : (5+) 需要（动）

مستمند: (13) 贫困的（形）

مسرت : (10) 愉快（名）

مسروقه : (16+) 被盗窃的（形）

مسكن : (4+) 住宅，住所（名）

مسلح : (16+) 武装的（形）

مسلماً : (15) 无疑地（副）

مسموميت : (4+) 毒性（名）

مسئوليت پذيرى : (19+) 责任感，责任心（名）

مسير : (19+) 道路（名）

مشابه : (11) 相似的（形）

مشابهت : (11) 相似（名）

مشاركت داشتن (در) : (11+) 参与（动）

مشاغل : ج مشغله (7) 职业（名）

مشاهده : (6) 观察（名）

مشت : (5) 拳头（名）

مشت زنى : (2+) 拳击（名）

مشتاق : (4) 渴望的（形）

مشتقات لبنى : (11+) 乳制产品（名）

مشخص کردن (را) : 显现，显出（动）(12)

مشرق : 东方（名）(4)

مشروطیت : 立宪运动（名）(7)

مشورتی : 协商性的，咨询的（形）(10+)

مشهود شدن : 明显（动）(2)

مصاحبت : 交谈（名）(20)

مصر : 埃及（名）(9)

مصراع : （诗歌的）上联或下联（名）(11)

مصرف : 消耗（名）(4+)

مصمم شدن : 决定（动）(20)

مصنوعی : 人造的（形）(6+)

مصون ماندن (از) : 幸免，免除（动）(19)

مضر : 有害的（形）(14+)

مطالب : ج مطلب 主题，内容（名）(9)

مطبوع : 和谐的，适宜的（形）(1)

مطرب : 歌手（名）(17)

مطرح شدن : 提出（动）(6+)

مطلع شدن (از) : 知道，获悉（动）(1)

مطلوب : 理想的（形）(4+)

مطمئن شدن : 确信（动）(7+)

معاشرت : 交往，交际（名）(11)

معاصر : 现代的（形）(15+)

معامله کردن (با) : 交易（动）(7+)

معاون : 副（职）（名）(13+)

معده : 胃（名）(18+)

معمول : 流行的（形）(9)

معنى：(10) 意思（名）

معیشتی：(14+) 生活的（形）

مغرب：(3) 西方（名）

مغرب：(18+) 日落，日落之时（名）

مغموم بودن：(20) 伤心，忧愁（动）

مفصل：(7) 详细的，详尽的（形）

مقابله کردن (با)：(15) 对付，抗衡（动）

مقارن：(7) 同时间的（形）

مقام：(10) 地位（名）

مقاوم：(13) 顽强的（形）

مقاومت：(13+) 抵抗（名）

مقبول：(19) 合适的，可接受的（形）

مقدمه：(1+) 前言（名）

مقر：(10+) 所在地，总部（名）

مقراض：(17) 剪刀（名）

مقرر：(1) 约定的（形）

مقیاس：(16) 标准（名）

مکارم اخلاق：(17) 美德（名）

مکه：(6) 麦加（名）

مگر آن که：(3+) 除非（连）

مگس：(11) 苍蝇（名）

ملاقات：(17) 会见，会晤（名）

ملاک：(19) 标准（名）

ملال انگیز：(20) 令人烦恼的（形）

ملایم：(1) 柔和的（形）

ملت：(2) 民族（名）

-286-

ملتهب شدن : 火气冲天，发火（动）(20+)

ملخ : 蝗虫（名）(16)

ملی : 民族的（形）(7)

ممتاز : 杰出的，优秀的（形）(17)

ممنوع بودن : 禁止（动）(15)

منابع : 资源（名）(4+)

مناسب : 合适的（形）(1)

مناطق : ج منطقه 地区（名）(4+)

مناطق صعب العبور : 难以通行的地区（金三角）（名）(15+)

منافع : 利益（名）(7+)

منبع : 来源（名）(20)

منتخب : 被选举的（形）(7+)

منتشر شدن : 出版，发行（动）(1+)

منتقل کردن (را ، به) : 迁移，移动（动）(7)

منتهی شدن (به) : 结束（动）(17+)

منجر به ... شدن : 导致……（动）(8)

منجم : 天文学家（名）(6)

منحرف کردن (را، به) : 转向（动）(3+)

منحصراً : 惟一地（副）(19)

منزل کردن : 住下，居住（动）(17)

منزوی : 隐居的（形）(7)

منسوخ شدن : 废除（动）(9)

منشور : 宪章（名）(2+)

منطقی : 有逻辑的（形）(19+)

منظره : 景色（名）(5)

منعقد ساختن (با) : 签署，缔结（条约）（动）(13+)

منفی : 消极的（形） (1+)

منواکسید کربن : 一氧化碳（名） (15+)

مواج : 波浪滚滚的（形） (14)

مواد آلاینده : 污染物（名） (3+)

مواد رادیواکتیو : 放射性物质（名） (10)

مواد لبنی : 乳制品（名） (11+)

مواد محرک : 刺激性的食品（名） (15)

مواد مخدر : 麻醉品，毒品（名） (15+)

مواد معدنی : 矿物质（名） (18)

مواهب : ج موهبت （名） 恩赐，福气 (20)

مؤثر : 有效的（形） (3+)

مؤسسه : 机构（名） (2+)

موسوم به... : 被叫做……的（形） (4)

موعود : 约定的（形） (20)

موقع شناسی : 务时；机灵（名） (4)

موقعیت : 位置（名） (5)

مولکول : 分子（名） (18)

مولود : 诞辰（名） (3)

مه : 雾（名） (16+)

مهاجر : 迁移的，移民，外来人口（形、名） (14+)

مهاجرت : 迁移，移动（名） (4+)

مهاجرنشین : 移民，侨民（名） (2+)

مهد : 摇篮（名） (4)

مهر : 印章（名） (9)

مهر : 爱（名） (17)

مهروار : 像印章似地（副） (9)

مهرورزی : 喜爱，钟爱（名） (13)

مهریه : 聘礼，彩礼（名） (11+)

مهمان نواز : 好客的（形） (3)

مهیب : 可怕的（形） (14)

مهیج : 激动人心的（形） (17)

میانسال : 中年人，中年的（名、形） (15)

میخ : 钉，楔（名） (9)

میزان : 数量，含量（名） (3+)

میکربی : 细菌性的（形） (15)

میگو : 虾（名） (14+)

میلیارد (ملیارد) : 十亿（名） (14+)

میلی متر : 毫米（名） (3+)

میناکاری : 彩釉（名） (4)

میهن : 祖国（名） (4)

ن

نابودی : 消失（名） (4+)

نابینا : 盲人（名） (11)

ناپدید شدن : 消失（动） (12)

ناپیدا : 无尽的，未发现的（形） (20)

ناپیوسته : 不连续的，断裂的（形） (16)

ناتوان کردن (را) : 使……无能为力（动） (13)

ناچیز : 微不足道的（形） (17)

ناخوشی : 疾病，痛苦（名） (20)

نازک شدن : 变薄（动、名） (15+)

ناسازگار : 不和谐的，不合拍的（形）(20+)

ناشر : 出版者，发行者（名）(1)

ناشی از ... بودن : 由……而产生，由……而引起（动）(6+)

ناصالح : 不正直的，不善的（形）(11)

ناکام ماندن : 失败，未遂（动）(7+)

ناگزیر بودن : 不得已，被迫（动）(19)

ناگوار : 不尽人意的（形）(2)

نام آور : 著名的（形）(4)

نام بردن (را) : 提到，谈及（动）(16)

نامدار : 著名的（形）(10)

نامریی : 无形的（形）(10)

نامزد : 未婚妻（夫）（名）(11+)

نامساعد : 不良的，不利的（形）(15)

نامنظم : 不规则的（形）(12)

نامیدن (را) : (نام) 称为，叫做（动）(2)

ناهموار : 不平坦的（形）(12)

نایل آمدن (به) : 获得，达到（动）(10)

نایلون : 尼龙（名）(6+)

نبض : 脉搏（名）(15)

نبوت : 先知（名）(11)

نتیجه گرفتن : 总结（动）(3+)

نجوم : 天文学（名）(6)

نحوه : 方式，方法（名）(1+)

نخست وزیری : 总理职务，首相职务（名）(7+)

نسبت به ... : 对于……，关于……（介）(1+)

نسخه بردار : 抄写人（名）(9+)

نسیه : 赊账（名） (11)

نشاسته : 淀粉（名） (18)

نشاط : 高兴（名） (15)

نشریات : ج نشریه 出版物（名） (7)

نظارت داشتن (بر) : 监督（动） (10+)

نظام : 体制（名） (10+)

نظامی : 军事的（形） (7+)

نعمت : 恩赐，福利（名） (17+)

نفس تنگ شدن : 呼吸困难（动） (17)

نفوذ : 渗透（名） (15+)

نقابدار : 带面具的（形） (16+)

نقد : 现金（名） (11)

نقش : 作用，角色（名） (9+)

نقش بستن : 形成（动） (10)

نقص : 缺陷，缺点（名） (20)

نگارش : 写作（名） (1)

نگهبانی : 看护，照顾（名） (15)

نگین : （镶在戒指上的）宝石（名） (12)

نما : 表现（名） (11)

نماز آیات :

（伊斯兰教徒在可怕的自然现象面前）双膝跪祷（名） (12)

نماز خواندن : 祷告（动） (12)

نمایان شدن : 出现，显露（动） (20)

نماینده : 代表（名） (7+)

نمک : 盐（名） (3+)

نوا : 声音，歌声（名） (13)

نواحی : ج ناحیه 地区（名） (3+)

نوبت ... رسیدن (动)：轮到……(7+)

نوبل：诺贝尔（名）(10)

نوح：诺亚（方舟）（名）(11)

نومیدی：失望（名）(11)

نهاد：内心（名）(1)

نهاد تخصصی：专门机构（名）(10+)

نهایی：最后的，最终的（形）(20)

نهضت：运动（名）(13+)

نی：芦苇（名）(9)

نیاز داشتن (به)：需要（动）(2)

نیروگاه هسته ای：核电站（名）(10+)

نیروهای حافظ صلح：维和部队（名）(13+)

نیشکر：甘蔗（名）(14+)

نیکی کردن：行善（动）(11)

نیلگون：天蓝色的（形）(14)

و

وابسته بودن (به)：取决于（动）(5+)

وابسته بودن (به)：从属（动）(10+)

وا داشتن (را)：说服，迫使（动）(13)

واسطه：中介（名）(17+)

وافر：丰富的（形）(10)

واقع بینی：现实主义（名）(17)

واقعه：事件，事实（名）(2)

واقعی：真正的（形）(1+)

واکسیناسیون：接种疫苗（名）(15+)

واکنش شیمیایی : 化学反应（名）(16+)
واگذار کردن (را، به) : 留给，交给（动）(7+)
والدین : 父亲母亲（名）(1+)
وجدان کاری : 工作责任心，诚心（名）(19+)
وحدت : 统一（名）(2)
وحشی : 野生的（形）(3)
ودا : 吠陀（名）(17+)
ورشکست شدن : 破产（动）(9+)
ورشو : 华沙（名）(10)
وزارت : （政府的）部（名）(13)
وزش : 刮风（名）(3+)
وزوو : 维苏威火山（名）(14)
وزیرامورخارجه : 外交部长（名）(7+)
وسعت : 范围，面积（名）(5+)
وسیلهٔ نقلیهٔ شخصی : 私人交通工具（名）(6+)
وصول : 收到（名）(7+)
وضع (کردن) : 制定（名）(10+)
وضو گرفتن : 〈宗〉小净（动）(18+)
وعاظ : ج واعظ 说教的，传教士（形、名）(17)
وعظ و موعظه (کردن) : 说教，劝诫（名）(17)
وفا : 忠实（名）(3)
وفات کردن : 去世（动）(7)
وفاق : 和谐，友好（名）(20+)
وقار : 庄重，严肃（名）(17)
وقف کردن (را) : 奉献，献出（动）(13)
وقوع : 发生（名）(12)

وکالت کردن : （担任）议员职务（动） (13)

ویتامین : 维他命（名） (18)

ویران کردن (را) : 摧毁（动） (10+)

ویرانی : 毁坏（名） (14)

ویروس : 病毒（名） (8+)

وین : 维也纳（名） (10+)

ه

هامون : 平原，平地（名） (4)

هجوم : 进攻（名） (2)

هجی کردن : 拼写（动） (20)

هدایت : 指引，引导（名） (1)

هدف واحد : 统一的目标（名） (2)

هراسیدن (از) : (هراس) 害怕（动） (13)

هرچند... : 虽然……（连） (6)

هزینه : 费用（名） (9)

هشدار : 警告（名） (15+)

هلال : 新月（名） (2)

هلند : 荷兰（名） (9+)

هم بستگی : 团结一致（名） (7+)

همت گماشتن (به) : (گمار) 努力，致力于……（动） (7)

هم دوش : 肩并肩地（副） (11+)

همدان : 哈马丹（名） (3)

همراه داشتن (را) : 佩带（动） (2)

همسن : 同龄人（名） (15)

همکار : 同事（名） (10+)

همکاری : (7) 合作（名）

همنشینی : (11) 座谈，交谈（名）

همنوع : (1+) 同类，同胞（名）

هموار : (11+) 平坦的（形）

هموطن : (3) 同胞（名）

همه گیر : (15+) 传染的，流行性的（形）

همهمه : (1) 嘈杂声（名）

هنرستان : (12+) 专科学校，技工学校，职业学校（名）

هیدرات کربن : (18) 碳水化合物（名）

هیزم : (19) 木柴，柴禾（名）

هیمالیا : (16) 喜马拉雅山（名）

ی

یاد داشت کردن (را ، به) : (1) 记录（动）

یادگار... بودن : (7) 记录（动）

یاری : (2) 帮助（名）

یبوست : (18) 便秘（名）

یخبندان : (6+) 冰冻，结冰（名）

یخچال : (5+) 冰川（名）

یکباره : (13+) 一下子（副）

یکپارچه : (16) 整块的，整体的（形）

یکجانشینی : (11+) 定居（名）

یکسره : (7) 立刻（副）

یگانه : (10) 惟一的（形）

ییلاق : (11+) 夏营地，别墅（名）

数字后面有（+）者，为该课阅读材料的生词。

فهرست منابع 波斯语参考书目

تاریخ ایران و جهان (1) و (2) ، شرکت چاپ و نشر کتاب های درسی ایران ، 1383

علوم زیستی و بهداشت ، شرکت چاپ و نشر کتاب های درسی ایران ، 1383

اقتصاد (سال دوم آموزش متوسطه) ، شرکت چاپ و نشر کتاب های درسی ایران ، 1383

جامعه شناسی (1) نظری (رشتهٔ ادبیات وعلوم انسانی) ، شرکت چاپ و نشر کتاب های درسی ایران ، 1383

جامعه شناسی «فرهنگ» (2) نظری (رشتهٔ ادبیات وعلوم انسانی)، شرکت چاپ و نشر کتاب های درسی ایران ، 1383

جغرافیای استان تهران ، شرکت چاپ و نشر کتاب های درسی ایران ، 1383

مطالعات اجتماعی (سال اول دبیرستان) ، شرکت چاپ و نشر کتابهای درسی ایران ، 1383

تاریخ ادبیات ایران و جهان (2) ، نظری (رشتهٔ ادبیات و علوم انسانی) ، سال سوم آموزش متوسطه ، دکترمحمد جعفر یاحقی ، یاحقی ، شرکت چاپ و نشر کتاب های درسی ایران ، 1383

اصول نامه نگاری و انشا برای همه ، عنایت الله شکیباپور ، چاپ خانهٔ میهن ، 1342

فارسی ، **(1) و (2)** ، دورهٔ راهنمایی تحصیلی ، شرکت چاپ و نشر ایران ، 1374

فارسی ، سال سوم دورهٔ راهنمایی تحصیلی ، شرکت چاپ و نشر کتابهای درسی ایران ، 1377

تاریخ ادبیات ایران (3) و (4) ، آموزش متوسطهٔ عمومی ، دکتر محمد جعفر یاحقی ، شرکت چاپ و نشر ایران ، 1375

فارسی و دستور، سال اول ، سال دوم و سال سوم دورهٔ راهنمایی تحصیلی ، شرکت چاپ و نشر ایران ، 1368

با کاروان حله ، دکترعبدالحسین زرین کوب ، انتشارات علمی ، 1370

فارسی عمومی ، دکترسید محمد دامادی ، مؤسسهٔ انتشارات و چاپ دانشگاه تهران ، 1374

فارسی عمومی ، دکترابراهیم قیصری/ دکترمحمد دهقانی ، انتشارات جامی ، 1382

زبان وادبیات فارسی (عمومی) ، دکترحسن ذوالفقاری /غلامرضا عمرانی / دکترفریده کریمی راد ، نشر چشمه ، 1378

مجلهٔ گلبانگ ، سال اول شماره 1371/1

ادبیات فارسی (1) ، سال اول دبیرستان، شرکت چاپ و نشر کتاب های درسی ایران ، 1383

ادبیات فارسی (2) ، سال دوم آموزش متوسطه ، شرکت چاپ و نشر کتاب های درسی ایران ، 1383

زبان فارسی (3) ، نظری (رشتهٔ ادبیات و علوم انسانی) ، شرکت چاپ و نشر کتاب های درسی ایران، 1383

ادبیات فارسی (1-2) ، نظری · فنی و حرفه ای ، کاردانش ، نظام جدید آموزش متوسطه ، چاپ و نشر کتاب های درسی ایران ، 1378

زبان فارسی (1-2) ، دورهٔ پیش دانشگاهی ، درس مشترک کلیهٔ رشته ها ، شرکت چاپ و نشر ایران ، 1373

ادبیات فارسی (2) ، متون نظم و نثر، دورهٔ پیش دانشگاهی ، رشتهٔ علوم انسانی ، شرکت چاپ و نشر ایران ، 1374

ادبیات فارسی (3-4) ، نظری· فنی و حرفه ای · کاردانش ، نظام جدید آموزش متوسطه ، شرکت چاپ و نشر کتاب های درسی ایران ، 1378

ادب ونگارش ، دکتر حسن احمدی گیوی ، انتشارات مدرسهٔ عالی بازرگانی ایران

فارسی بیاموزیم !(دورهٔ پیشرفته) جلد ۴ و جلد ۵ ، دکترحسن ذوالفقاری/ دکتر مهبد غفاری / دکتر بهروز محمودی بختیاری ، انتشارات مدرسه ، 1382

جغرافیا (1) ، سال دوم آموزش متوسطه ، نظری (رشته های ادبیات و علوم انسانی – علوم و معارف اسلامی) ، شرکت چاپ و نشر کتاب های درسی ایران ، 1383

خواندن (سطح مقدماتی) ، دکتر ضیا تاج الدین ،کانون زبان ایران ، 1383

واژه آموزی زبان فارسی ، سطح مقدماتی ، مهناز عسگری ، کانون زبان ایران ، 1384

واژه آموزی زبان فارسی ، سطح پیشرفته ، مهناز عسگری ، کانون زبان ایران ، 1385